JN042043

福嶋亮大

ハロー、ユーラシア

21世紀「中華」圏の政治思想

Hello, Eurasia

21st Century's Political Thoughts in Greater China

Fukushima Ryota

講談社

ハロー、ユーラシア

21世紀「中華」圏の政治思想

CONTENTS

ブックデザイン　坂野公一＋島﨑肇則（welle design）

カバー写真　Shutterstock

ハロー、ユーラシア

21世紀「中華」圏の政治思想

はじめに――天下vs本土

読者の便宜のために、本書の狙いを簡単に述べておきたい。私は《ユーラシア》という言葉に、二つの現代的なテーマを託した。一つは、ユーラシア大陸を横断する巨大な帝国の成立というテーマである。もう一つは、アジアとヨーロッパの文化的混血現象に根ざしたハイブリッドなアイデンティティの創造というテーマである。本書の脈絡では、前者は主に中国に、後者は主に香港に対応する。

言うまでもなく、私にとって、ユーラシア大陸全体の歴史や現状を相手にするのは手に余ることである。ただ、そんなことは誰にとっても無理に決まっている。標的はもっと絞らなければならない。私がもっぱら論述の対象としたのは、ユーラシア大陸の込み入った状況ではなく、二一世紀の中華圏（中国・香港・台湾）の政治思想に内包された、イデオロギーとしての《ユーラシア》である。言い換えれば、私は目に見える物理的な現実よりは、意識や観念のレベル、つまり第二の現実を重点的に描こうとしたのである。

中国の大国化から香港の大規模デモ、さらにパンデミックに到る近年の東アジアの政治的激動のなかで、その「第二の現実」を舞台として新たなイデオロギーが形成されつつある。それらは総じて右翼的であり、西洋のリベラリズムへの反発を含んでいるが、素朴な自国中心主義とも異なる。意外なことに、このような新思潮は、隣国である日本にはまだまとまった形で紹介されていない。現代東アジアのイデオロギー分析は、日本の言論界では明らかに不足している。政治思想の専門家ではない私がこのテーマに着手したのは、そのためである。

しかも、この反リベラルの新思潮は、中国の伝統を普遍化しようとする、きわめて抽象的な哲学をも招き寄せている。本書の第四章および五章で述べるように、それは二〇世紀の儒教解釈に対する修正案として出てきたものである。イデオロギーの時代は、儒教の知的遺産に対する新しいアプローチも生み出しており、それもまた「第二の現実」に属する出来事として捉えることができる。

いずれにしても、手ぶらで厄介なイデオロギー現象を探査することはできない。詳しくは本書で説明するが、私は二つの道標となるキーワードを定めた。一つは中国の「天下」、もう一つは香港の「本土」である。前者はアメリカ主導のグローバリズムを敵視しつつ、それとは別のユートピア的な世界を正当化する概念である。《ユーラシア》や《シルクロード》はその天下主義のユートピアの地理的基盤として描き出される。逆に後者は、中国の拡張に抵抗し、香港のもつローカルな価値観の「覚醒」を促そうとする概念である。この本土主義《ローカリズム》は、イギリス植民地時代を含めて長くグローバルな金融都市であった香港固有の歴史を高く評価するものである。

私の工夫は、お互いに反目しあう中国と香港の意識形態《イデオロギー》——すなわち天下主義（＝グローバリズムを批判する中国的世界主義）と本土主義（＝グローバルシティから派生したローカリズム）――を、一冊の本のなかで要約し、並列化することにあった。そのような立場がとれるのは、いわば「後衛」の日本で書くことの利点である。ただし、それは、政治的な暴風域に対して他人事のような態度で接することではない。なぜなら、われわれはすでにイデオロギーのゲームの一部だからである。不偏不党で中立的な立場はもはやあり得ない。

われわれにとって急務なのは、この暴風に耐えられるように、現代のイデオロギー現象についての認知地図を更新することである。その際に、私は日本の政治思想をたびたび補助線として用いた――例えば、中国の一帯一路構想と共振する政治哲学を、戦前の日本の「近代の超克」論と重ねるというように。過去の日本で形成された「第二の現実」に対して、二一世紀の東アジアの思想状況から新たな光を当てること。それもまた本書のもう一つのテーマである。

第一章　球の世界、道の世界

1　ハロー、ユーラシア

J・G・バラードは一九六〇年代の一連のSF小説において、生態学的な破局のヴィジョン――狂風の吹き荒れる惑星、極地の氷の融解によって水没した都市、極度の乾燥に見舞われた大地――をあざやかに象りながら「内宇宙」の探求に向かった。バラードの描く人間たちは、めまいをもたらすような環境の激変のなかで、精神の変容について啓示を得るのだ。それから半世紀以上を経て、幸か不幸か、時代はバラードのSFに追いつきつつある。気候変動に由来する昨今の異常な自然災害は、生態系が人類に牙をむき始めたことを示している。

思えば、二〇世紀は人間の生存空間（Lebensraum）を根こそぎにする新しいテクノロジーを生み出してきた。哲学者のペーター・スローターダイクが言うように、毒ガスや核兵器はたんに生命を滅ぼすだけではなく、人間の生存できる環境そのものを破壊する。[*1] 同じく放射性物質や危険な化学物質、さらに生物兵器も、空気や水に入り込んで、環境から人間の居住可能性を奪うだろう。そのとき、自然そのものが安らぎの場から、恐るべき凶器へと変わってしまうのだ。

二一世紀の気候変動は、この生存空間の破壊という二〇世紀的な現象を、とうとう地球全体に及ぼしつつある。今やそこらの犯罪者よりも、環境のほうが狂気じみてはいないだろうか。バラードの異常なヴィジョンは、このような事態を正しく先取りしていた。しかも、シュールレアリスムと核戦争の子であるバラードは、一切の微温的なヒューマニズムとは手を切って、それをやったのである。

さて、そのバラードはロナルド・レーガンが大統領になった一九八一年に『ハロー、アメリカ』というＳＦ小説を出した。エネルギー資源の枯渇と気候操作のトラブルによって、一面の砂漠と化した未来のアメリカを、イギリスからやってきた一団が探検する。彼らにとって、この不毛の砂漠はかつてのアメリカン・ドリームの残骸を映し出す「心理計算機」となった。
「どうやらとうとう、砂漠が頭のなかにまで入りこんできた。ぼくたちは砂や埃を何にでも見たててしまうのだ。カンザスの風景はいわば、精巧な心の暗号の解読装置であり、神秘的な種類の心理計算機なのである[*2]」。

こうして、この砂漠に点在する都市の廃墟のなかに、ミッキーマウス、マリリン・モンロー、スーパーマン、超人ハルク、コカ・コーラから、四十四人の大統領に到るまでのアメリカの偶像が続々と現れる——それはアメリカン・ドリームのゾンビたちが繰り広げる、珍妙にして悪趣味なショーなのだ。もとより、バラードは本物のアメリカには興味がない。むしろ夢と希望に満ちたイメージの《アメリカ》を砂漠の幻影や暗号に変えることに、彼の関心は向けられていた。

　前置きが長くなったが、これから私が試みるのは、このバラード的な意味での《アメリカ》を《ユーラシア》に置き換えることである。私は今この瞬間に存在している本物のユーラシアではなく、歴史的な回顧や文化的な省察を織り交ぜながら、一種の幻影としての、あるいは暗号としての《ユーラシア》を浮かび上がらせようと思う。それには必ずしも重厚長大な物語は要らない。バラードのように、さまざまな記号を拾い上げてモンタージュするくらいでも、当座の役には十分立つだろう。といっても、一介の物書きにすぎない私は、残念ながらバラードのような鮮烈な悪夢を見る才能をもたないけれども。

　初めに断っておくと、本書は評価の定まった対象について述べる教科書や入門書ではなく、まだ輪郭のぼんやりしているものに探りを入れるエッセイである。そして、このエッセイのスタイルこそ批評の精神を自由にし、拡張し、活気づけるものだと言っておきたい（そもそも、フランスのアランやヴァレリーに触発された小林秀雄以来、日本の批評の本領はエッセイにある）。ユーラシアという謎めいた相手に、とりあえず「ハロー」と呼びかけてみること――、このエッセイ＝批評の気軽さがわれわれを精神の収縮から遠ざけてくれるに違いない。

2　球と道

アメリカほど華やかなものではないにせよ、ユーラシアも今や「夢」の工場に近づいている。地政学的なレベルで見たとき、ユーラシアにはかつてなく重要な意義が与えられつつある。習近平国家主席のもとで二〇一〇年代以降、一帯一路構想を掲げてきた中国は「新しいシルクロード」の興隆を目指して、中央アジアからヨーロッパに及ぶ広範囲に影響力を行使してきた。中国のイデオローグたちも、従来のグローバリゼーションとは異なる中国主導の「グローバリゼーション2・0」を礼賛するようになった。

この中国の拡大戦略は、冷戦時代には認識の谷間にあった「ユーラシア」を改めて呼び覚ますものだろう。例えば、ケント・カルダーは「ユーラシアの再連結」がそれまでのグローバル化とどう違うのかについて、およそ以下のポイントを挙げる。第一に、何度も政治的に分断されてきたとはいえ、漢代の西域経営にまで遡れる長い歴史的背景があること。第二に、ユーラシアはあまりにも巨大な大陸であり、中国からヨーロッパまでは海路よりも陸路のほうが距離的に近いくらいであること。第三に、華為《ファーウェイ》やアリババの進出に象徴されるように政治工学的な物流インフラが重視されていることである。[*3] 二一世紀の「新しいシルクロード」はまさに「創造された伝統」そのものだが、その再創造はユーラシアという超大陸を工学的につなぐことによって実現されているのだ。この伝統と経済とテクノロジーの結合に、今日のユーラシアの「政治」がある。

ただ、このような地政学的な話題はいったん脇において、今は言葉の次元に目を向けたい。ここで興味深いのは、中国がユーラシアを「帯」や「路」として捉えたことである。これはちょうど中国語でグローバル化を「全球化」と呼ぶことと好対照をなす（globeは「球」を意味するので、この中国語訳は当を得たものである）。

グローバル化が顕著に進んだ二一世紀は、いわば地球が丸くなった時代である。より正確に言えば、人類にとって、地球の球体性がアクチュアルな問題として浮上してきた時代である。地球は平らではなく丸い。陸と海は球体として自己完結している。地球が平らではなく丸いからこそ、気象・資本・交通などのネットワークは全世界を否応なく相互接続するように発展することになる。

むろん「全球化」はそれ固有のリスクも孕んでいる。二〇二〇年のパンデミックは、地球の球体性を改めて印象づける出来事であった。いわばラ、ディ、カ、ル、な、リ、ベ、ラ、ル、であるウイルスは商業と交通のネットワークに乗じて、国境をやすやすと超え、人間と動物の境界をも超えて、丸くなった惑星のなかを流通してしまう。人類は丸く閉ざされた地球で生きる限り、この危機から逃れることはできない。かつてカミュは『ペスト』（一九四七年）でアルジェリア海岸の地味な街がペストによって「監禁状態」になったさまを克明に描いたが、この前世紀の想像力は更新されなければならない。すなわち、二一世紀においては、地球そのものが一個の恒常的な監禁システムであり、そのつどの危機に応じて、惑星のあちこちに一時的な監獄都市が出現すると考えたほうがよいだろう。[*4]

グローバル化はうわべだけ見ると、世界の拡張を意味するように思える。しかし、それはむしろあらゆる地域がネットワーク化され、ほとんどタイムラグなくつながるようになったこと、いわば人類が地球という球体に丸め込まれたことを意味している。この球状の監禁システムのなかでは、内政と外政の区別もあいまいになっていく。惑星規模の災厄――地震、原発事故、気候変動、パンデミック等――は、社会学者ウルリッヒ・ベックの言う「世界内政のニュース」として報道されることになるだろう。

そして、この「球の世界」の広大な一角において、今や二一世紀最大の権威主義国家となった中国は「道の世界」を再創造し、その盟主となろうとしている。私の考えでは、この二つの世界像については政治哲学を加味して考えられるべきである。

3 地球は丸い

世界は球か、道か――これは子供っぽい問いに見えて、意外に奥が深い。哲学史において、地球の形態を思考に導き入れたのが晩年のカントである。平和論の古典である『永遠平和のために』(一七九五年)で、カントは「平和状態は、創設されなければならない」という立場から、諸国家における共和制の導入と国際連合の創設という提言に加えて「訪問の権利」を重んじつつ、こう記している。

> 地球の表面は球面で、人間はこの地表の上を無限に分散していくことはできず、結局は並存して互いに忍耐しあわなければならないが、ところで人間はもともとだれひとりとして、地上のある場所にいることについて、他人よりも多くの権利を所有しているわけではない。——この地表で住むことが不可能な部分、つまり大洋や砂漠は、こうした人間相互の交際を阻んでいるが、それでも船やラクダ（砂漠の船）は、ひとびとがこの無主の地域をこえて互いに近づくことを可能にし、人類に共通に属している地表の権利を、生じてくる交際のために適用することを可能にしているのである。
>
> （宇都宮芳明訳、以下同）

このような記述は哲学者のものというよりは、地理学者のものに思える。実際、カントはケーニヒスベルク大学で四〇年間にわたって地理学を熱心に講じた。当時のケーニヒスベルクはドイツ人、スカンジナビア人、オランダ人、イギリス人、ロシア人、スラブ人の住まうコスモポリタンな港町であった。この都市で世界各地の情報に触れることができたカントは、地理学を「世界認識の予備学」と見なしていた。[*5]

といっても、『永遠平和のために』そのものは地理学の本ではない。カントの面白さは、地理を政治の制約条件として捉えたことにある。カントによれば、地球が丸いからこそ、つまり空間的に有限であるからこそ、人類には「交際」と「忍耐」が必要になり、ついには「平和の創設」へと導かれる。逆に、もしわれわれが閉ざされた球体にではなく、超巨大な平面に住んでいたとしたら、平和を創設する必然性もない。そのような世界では、人間は気に入らない相手がいれば遠くに離れていくだけだろう。裏返せば、地球上の人類は、お互いに遠く離れて住むことに、地理的な限界を抱えているのである。

したがって、地球の丸さはカントの平和論の前提である。しかも、カントによれば、人類は自らの意志で「並存」し「忍耐」しているわけではない。それはむしろ「偉大な技巧家」である自然の「意志」である。

> 自然は、人間が地上のあらゆる場所で生活できるように配慮したが、しかしまた自然は同時に、人間が好みに反してでもあらゆる場所で生活すべきことを専断的に望んだのである。

カントによれば、人間があらゆる場所で生活するのは、道徳的な義務のせいではなく「自然」のもたらす不和と戦争のせいである。つまり、人類は丸い地球という所与のプログラムのなかで、否応なく戦争を起こしてしまうせいで、厳しい極地にもいやいや住まざるを得なくなったというのである。

もとより、地理学的な哲学そのものは珍しくない。例えば、和辻哲郎の『風土』（一九三五年）はハイデッガーの存在論を意識しつつ、同一の人類がいかにその地域に応じて精神をさまざまに「風土化」していったかを論じた。和辻はモンスーン型、沙漠型、牧場型という三つのパターンをもとに、世界の諸民族の存在形態を分類した。その際、和辻はカントよりも、むしろカントの論敵であったロマン主義者のヘルダーを再評価し、そこに「精神の風土学」の萌芽を見ようとする。

このような二〇世紀のロマンティックな風土論と比べると、一八世紀のカントの議論は形式的で貧しく見えるが、それゆえにかえって新鮮である。和辻にとって、人間が世界じゅうに散らばり、それぞれに特殊な生活を営んでいることは、疑う余地のない自明の現実である。しかし、カントはむしろ、人間がなぜか「好みに反してでもあらゆる場所で生活」させられてしまっていることを問題にした。地球の球面性＝有限性という「自然」の「技巧」が、人間どうしを否応なく衝突させ、分散させる――、それがかえって平和の創設へと人類を導くのである。こうした手の込んだ平和論は和辻からは出てこない。

4　自然のプログラム

むろん、カントの議論にも欠陥はある。特に大きな問題は、カントがあくまで自然を空間的に考えているため、時間や進化や歴史のテーマが抜け落ちていることである。カントは地理学者アレクサンダー・フォン・フンボルトに影響を与えたが、あくまで「自然の記述」をモットーとした博物学者フンボルトは「自然の歴史」、つまり発生や進化の問題には関わらなかった。だが、そのせいでカント＝フンボルトの反歴史的な地理学は、ダーウィンの『種の起源』（一八五九年）のもたらした進化論の革命のなかで駆逐されてしまった。[*6]

さらに、カントの「自然」は地理学的ではあるが、地質学的あるいは地球物理学的ではない。言うまでもなく、カントの時代には、二〇世紀の大発見であるアルフレート・ヴェーゲナーの大陸移動説もプレートテクトニクス理論もまだ知られていなかった。もしカントが過去の超大陸、つまりヴェーゲナーの命名した「パンゲア」を知ったら何と言ったかは、想像してみると面白い。パンゲアの内陸部は干上がった不毛の砂漠であっただろうから「人間が地上のあらゆる場所で生活できる」というカントの考え方は当てはまらない。カントはあくまで大陸の複数性を前提としている。超大陸が大小六つの大陸に分裂したとき、人間たちを分離し並存させる「自然」の「技巧」がはじめて動き始めたのである。

してみれば、カントの「自然」は、地球史上の一時期にのみ存在するものだと見なすべきだろう。だとしても、『永遠平和のために』の考察そのものは今から見ても興味深い。「自然」は分離や多様化というプログラムを人類に課したが、それは一つには先述した戦争に、もう一つには言語や宗教に関わっている。

> 自然は諸民族の混合を妨げ、かれらを分離しておくために、二つの手段を、すなわち言語のちがいと宗教のちがいとを用いている。

この言語的・宗教的な相違は「たがいに憎しみあう傾向」と「戦争への口実」を伴うが、にもかかわらず「生き生きとした競争による力の均衡」を通じて「平和についての同意」へと世界市民を導くだろう……。分離と競争がかえって人類を平和へと導くと見なすカントは、われわれが想像するような、ありふれた反戦思想家とは違っている。

そもそも、有限の球体のなかで、諸民族が「忍耐」とともに暮らしているのだから、不和があるのは当たり前である。にもかかわらず、カントによれば、自然は「人間の不和を通じて、人間の意志に逆らってでもその融和を回復させるといった合目的性」を備えている。そして、その「融和」を担うのが国際法である。

> 国際法の理念は、それぞれ独立して隣りあう多くの国家が分離していることを前提とする。こうした状態は、それ自体としてはすでに戦争の状態であるが（諸国家の連合的合一が、敵対行為の勃発を予防する、ということがない場合は）、しかしそれにもかかわらず、まさにこうした状態の方が、理性の理念によるかぎり、他を制圧して世界王国を築こうとする一強大国によって諸国家が溶解してしまうよりも、ましなのである。なぜなら、法は統治範囲が拡がるとともにますます重みを失い、魂のない専制政治は、善の萌芽を根だやしにしたあげく、最後には無政府状態に陥るからである。

カントの考えでは、国家が「一つ」であるよりは、多くの国家が分離していて、潜在的な戦争状態にあるほうが「まし」なのだ。なぜなら、こうした国家の多数性ゆえに、人類は平和の創設へと動機づけられるからである。地球の球体性という「自然」は人類を分離や不和へと導くが、カントはその危うい状態を「法」と「理性」の仕事で矯正できると見なしていた。

5 ユーラシアのテクノポリティクス

ところで、このカントの議論はヨーロッパの歴史的体験を下敷きにしたものである。『永遠平和のために』は中国とヨーロッパの交渉について触れた興味深い注釈を含むが、それでもカントの思想がヨーロッパ的なのは確かである。特に、中国と比較すると、そのことははっきりするだろう。

繰り返せば、カントは「国際法の理念は、それぞれ独立して隣りあう多くの国家が分離していることを前提とする」と記したが、これこそまさに中国が伝統的に拒んできた考え方である。中国はヨーロッパと違って「国家が一つであること」に大きな価値を認め、かつそのような政治状況を何度も再生してきた。この反復性には驚くべきものがある。

国家がたくさんあることを、中国は「忍耐」できない。現に、国際法は中国を中心とする東アジアでは育たなかった。政治史から見た中国の特異さは、『春秋公羊伝《くようでん》』に言う「大一統」(一統をたっとぶ)のオブセッションが長期にわたって持続してきたことにある。統一王朝が滅亡し、国内が分裂した後も、辺境の地方政権は長続きせず、やがて一つの強大な王朝に吸収される――、これが中国史で延々と繰り返されてきたパターンである。目下、東アジアで最大の政治問題となっている香港や台湾の「中国化」は、まさにこのパターンの最新版にほかならない。

もしカントが言うように「自然は、法が最後には主権を持つことを、あらがう余地なく意志している」のだとしても、この「自然の意志」の出番は、ユーラシア大陸ではいまだにずいぶん遅れている。それどころか、中国は「国際法」によってユーラシアの諸国家と協調するのではなく、一帯一路構想の名のもとに、情報と物流のインフラに投資することで政治的・経済的な支配を強めようとしてきた。カントは確かに「商業精神は、戦争とは両立できないが、おそかれ早かれあらゆる民族を支配するようになるのは、この商業精神である」とは述べている。この予言はかなり当たっているが、しかし、中国のこの露骨に商業主義的なテクノポリティクスをカントが歓迎するとも思えない。

今の中国は鉄道網、電力供給網、ハイウェイ、石油パイプライン等のインフラ投資とあわせて、ユーラシア大陸を結合する光ファイバー網の敷設に余念がない。そして、この光ファイバーに接続可能な5Gの通信機器を、先述した華為《ファーウェイ》をはじめとする中国企業の製品だけに限定することは容易に想像される。これは中国の5Gの通信事業者が、ユーラシアの経済において独占的な権力をもつことを意味するだろう。[*7] こうなると、法の代わりに、通信インフラが「主権」をもつ状況が訪れるだろう。中国は「言語のちがいと宗教のちがい」をもたらす「自然の意志」を、テクノポリティカルな統治によって乗り越えようとしている。

このように、二一世紀に入って一帯一路の名のもとに「道の世界」としてのユーラシアを再興しようとする中国は、ヨーロッパ人であるカントの言うような「自然」や「法」に抵抗している。ならば、われわれは地球の丸さを条件とするカントの議論を念頭に置きつつ、非ヨーロッパ的な道の世界の特性について改めて考えてみるべきではないか。

＊1　ペーター・スローターダイク『空震』（仲正昌樹訳、御茶の水書房、二〇〇三年）。

＊2　J・G・バラード『ハロー、アメリカ』（南山宏訳、創元SF文庫、二〇一八年）一三七頁。

＊3　ケント・E・カルダー『スーパー大陸』（杉田弘毅監訳、潮出版社、二〇一九年）二三頁。

＊4　この点について、詳しくは拙稿「内なる敵と負の祝祭——震災とコロナウイルスのあいだで」参照。ウェブマガジン『遅いインターネット』二〇二〇年三月三〇日公開の記事。https://slowinternet.jp/article/20200330/

＊5　J・A・メイ『カントと地理学』（松本正美訳、古今書院、一九九二年）二二頁。

＊6　同右、一一五頁以下。

＊7　スーザン・クロフォード「それでも中国が「5G時代のインターネット」を支配する、というシナリオの現実味」『WIRED』日本版の二〇一九年五月二三日付の記事。https://wired.jp/2019/05/23/china-will-likely-corner-5g-market-us-no-plan/

第二章　ユーラシア人たち——その二つの政治環境

1　「政治の数学」の導く国際社会

前章で見たように、カントは『永遠平和のために』で強力な国家が一つあるよりも、たとえ潜在的な戦争状態にあったとしても、諸国家が分離していることが望ましいと考えた。ただし、それはカントが一人でたどり着いた結論ではない。彼自身、主権国家の集まりである国際社会、およびそれをコントロールする国際法を踏まえていたのだから。

カントは「ひとを慰めようとして、かえってひとを煩わす者」だとけなしているが、一七世紀オランダ（ネーデルラント）の法学者フーゴー・グロティウスが、国際法にブレイクスルーをもたらした功績は否定できないだろう。当時のネーデルラントは小国でありながらアントウェルペンやアムステルダムという「ヨーロッパの銀行」とも呼ばれた富裕な都市を擁し、繁栄を築いていたが、その一方でスペインを相手にした長年の独立戦争（いわゆる八十年戦争）に明け暮れてもいた。スペインがカトリックの支配のもとで過酷な宗教裁判をやったのに対して、ネーデルラントはプロテスタントが多く、それも両国の対立の大きな火種となった。
宗教対立から逃れてパリに亡命したグロティウスは、そこで『戦争と平和の法』（一六二五年）を刊行し、理性に基づく契約論を国家どうしの関係に敷衍した。ガリレオに惚れ込み、『戦争と平和の法』では「政治の数学」の夢を語ったグロティウスにとって、多数の主権国家がプレイヤーとして参加する「国際政治」のゲームは、争いを止められない宗教的教義によってではなく、厳密な数学的定理によって導かれるべきものであった。この信念のもと、彼は国際法を普遍的な「自然法」として樹立し、戦争と暴力を法の力で制御しようとする。しかも、このガリレオ的な確実さへの憧れは、グロティウスとは思想上は相容れないホッブズにも共有されていた。[*1]
一七世紀の思想家には、人間の本性や社会生活の基本原理を正しく理解すれば、おのずと最適な「公理」が導き出されるという考え方があった。つまり、それまでの神の領域に、数学や物理学の考え方が入り込んできたのだ。二一世紀にも人工知能、深層学習、ビッグデータ等を駆使して「政治の数学」を実現しようとする風潮があるが、そのテクノロジーの夢の源流として一七世紀を再考することもできるだろう。
そもそも、中世のヨーロッパではキリスト教に基づく政治的・精神的な世界統一が目指されていたが（カトリックとは「普遍的」ということである）、一六世紀以降にはルターの宗教改革と主権国家の成立によって、その理念は保てなくなった。そのため、神学とは別のやり方で、多数の主権国家を共存させ、かつ宗教対立も和らげるやり方が必要となった。三十年戦争を終わらせた一六四八年のウェストファリア条約は、一国だけが優勢にならないように、国家間の「勢力均衡」(バランス・オブ・パワー)を重視したものである。

もっとも、ヨーロッパの国際社会は一六世紀以降に唐突に現れたわけでもない。その雛型となったのは、小さな都市国家が分立していた中世末期のイタリアである。イタリアの都市群は不安定な政治状況のなか、お互いに陰謀と術策を尽くして、少しでも相手の優位に立とうとした。そのことが外交技術を著しく高め、常駐の外交使節——といっても、その実体はしばしば相手国の内情を探るスパイであった——の交換も促したのである(マキャベリの『君主論』はこの権謀術数の渦巻く多国家世界を背景としている)。このイタリアの都市国家間の外交作法が、その後のヨーロッパの国際社会にも受け継がれることになった。[*2]

2 地中海からヨーロッパへ

ここで地理的条件も考えあわせてみよう。アナール派の歴史家フェルナン・ブローデルは大著『地中海』で、地中海という「環境」が「ヨーロッパの多様性」を形成するのに大きな役割を果たしたと述べていた。

それ「ヨーロッパ」は歴史がさまざまなかたちに加工した空間や人々から形成される二重ないし三重の世界である。地中海は、ヨーロッパの南部に強力に影響を及ぼしている限りにおいて、このヨーロッパの統一そのものを妨げることに少なからず貢献してきた。地中海はヨーロッパを自分のほうに引きつけ、地中海の利益になるようにヨーロッパを引き裂いてきた。[*3]

ここでブローデルは図らずもカントの『永遠平和のために』のように考えている――いわば「偉大な技巧家」としての地中海が、ヨーロッパを引き裂き、その多様性を計画したというのだから。

面白いことに、ブローデルは地図の南北を引っ繰り返し、地中海の頭上にとてつもなく大きなサハラ砂漠がのしかかっていること、地中海がこの「非人間的な大地」である砂漠の世界から、南ヨーロッパを切り離したことを強調した。[*4] 地中海はヨーロッパを引き裂き、その沿岸にバラエティ豊かな都市国家を生み出す一方［＊］、砂漠からの衝撃を減らすクッションにもなった――この二つの作用が「ヨーロッパの多様性」を育てたのである。といっても、ブローデルの議論は単純な地理決定論ではない。彼はあくまで人間と環境の繊細な共作として地中海を、そしてヨーロッパを論じたのだから。

その一方、ブローデルはイスラムについてさほど評価していない。しかし、イスラムも本来、地中海の主要なプレイヤーであった。特に、八～九世紀におけるスペインとシチリアのイスラム化は、大きな世界史的インパクトを伴っていた。ムハンマドの時代においてアラブ人は必ずしも開明的ではなかったが、その後イラク、シリア、エジプトへと進出するうちに、数千年の伝統をもつ古代中東（シュメール、アッカド、エジプト）の文化を吸収し、アラビア語に翻訳するに到った。このイスラムの人文学および高度な科学技術は、スペインとシチリアを拠点とする商業的接触を介して、中世の地中海世界の学問的様相を大きく変えることになった。[*5]

さらに、もっと遡れば、古代ギリシアの文明も地中海の島々を背景としていた。地中海の奥まったところにあるキプロス島は、ギリシアとフェニキア、さらに東のアッシリアの出会う交通の要衝となった。エーゲ海に浮かぶロドス島はエジプトへの玄関口となり、クレタ島はオリエント世界の影響を受けてミノア文明を成立させた。シチリア島ではギリシア系都市とフェニキア系都市が熾烈な闘争を繰り広げた。[*6]文明の中継地点にして係争地でもある地中海の島々では、ヨーロッパの多様性があらかじめ準備されていたのではないか。

このように、地中海はその絶妙な地勢によって、一つの強力な国家による「ヨーロッパの統一」を阻みながら、文化的・宗教的・学問的な多様性を育んできた。この自然の所産であるヨーロッパ世界というハードウェア上で、国際社会というソフトウェアを作動させるために、グロティウスは「政治の数学」を、カントは「平和の創設」を求めたのだ。

その際に、亡命知識人グロティウスも港町の哲学者カントも、ともに強大な領土国家に後見されることなく、交通ネットワークの結節点において思想を組み立てたことは、改めて注目してよい（哲学とナショナリズムが本格的に結びつくのは、カント以降のロマン派においてである）。地球という監禁システムのなかで、深刻な世界内政のニュースが飛び交い、不安が理性的判断を麻痺させている今、グロティウスやカントが先鞭をつけた超国家的な「法」の思考は再訪する価値があるだろう。

［＊］ちなみに、ブローデルは都市を襲った「物騒な訪問者」ペストについて以下の興味深いことを述べている。東方の都市、特にコンスタンティノープルは「さまざまな疫病の発祥地」であり、そこから病は西欧に広がっていった。この災厄が飢饉と重なった一六世紀には、ヴェネツィア、ナポリ、ローマ、マルセイユ等々の都市人口は激減した。ヴェネツィアでは劇的な世代交代が起こり、若者が老人から政府を取り上げた。金持ちは疫病が流行ると、大急ぎで郊外の別宅に逃げ出すので、マルセイユは「農家や別荘に囲まれた」奇妙な都市となった。そして、ペストやその他の疫病が深刻なのは「財政困難ならびに食糧事情の悪い時代の時だけ」である……。[*7]

もっとも「黒死病」と言われるペストが人体と社会のおぞましい変容を伴うのと違って（ロシアのプーシキンはその劇的な変化を逆手にとって、陶酔と悦楽で燃えあがったペスト礼賛の詩を書いた）、新型コロナウイルスは症状の出方も軽症のケースが多く、死因のほとんどは肺炎であり、おどろおどろしい表象とは無縁である。いわば目立った特徴がないのが特徴というウイルスなのだ。ペストやエボラ出血熱等とは正反対の奇妙な自己隠匿性、つまり表象のレベルでの凡庸さゆえに、この東方由来のウイルスは生活圏に広く静かに入り込み、欧米の社会をも大混乱に陥れることになった。にもかかわらず、ブローデルの論述には二一世紀に通じることも多い。

3 東アジアに国際政治はあったのか？

ところで、ブローデルの見解を裏返しにすると、地中海のような特別の環境なしにはヨーロッパ的な多様性も、さらには「国際社会」も育ちにくいと推測できる。ここで、ユーラシアの西端のヨーロッパから東端の東アジアに視野を転じると、その問題がはっきりするだろう。

現に、中国の王朝は「ヨーロッパの統一」を抑止した地中海世界とは反対に、長らく「中国の統一」を目指し、それを成功させてきた。何度も国内が分裂し、政治的な「断片化」に見舞われたにもかかわらず、中国でなぜヨーロッパのような多国家世界が定着しなかったのかは、歴史上の難題である。[*8] もとより、中国とその周辺国には、伝統的に朝貢貿易システムのような国際関係はあったが、それは対等の主権国家のあいだの盟約ではなかった。

では、過去の東アジアには、ヨーロッパ的な意味での「国際政治」はなかったのだろうか？そうとも言い切れない。というのも、歴史を振り返ると、中国がヨーロッパに相対的に近づいた局面はあったからだ。それは世界帝国であった唐に続く、一一世紀の宋においてである。

アメリカの政治学者である王飛凌《おうひりょう》は、漢民族の宋と契丹《きったん》族の遼のあいだで結ばれた一〇〇四年の澶淵《せんえん》の盟《めい》を「ウェストファリア条約の中華版」と評している。澶淵の盟は、「兄」である宋が「弟」である遼に毎年銀を贈る代わりに、遼の不可侵を約束させたものである。それはウェストファリア条約と違って、社会や宗教の多元性を認めたり、小国の安全を保全したり、商業を保護したりしたわけではない。しかし、この「澶淵システム」に守られることで、宋と遼はお互いに勢力を保全しながら、それぞれ国内の平和と繁栄を追求することができた。つまり、両国が全面的な衝突の代わりに共存を選んだことによって、バランス・オブ・パワーがしばらくのあいだ実現されたのである。[*9]

王の考えでは、中国には大きく二種類の秩序モデルがあった。一つは権威主義的な秦や漢の政治体制である。こちらは法家の統治術に基づきながら「天下」の統一性を求めるものであり、遥か後の毛沢東や習近平にまで及ぶ。もう一つは春秋戦国時代、宋代、アヘン戦争以降の近代（一八四〇年〜一九四〇年代）という三つの時代に垣間見えた、バランス・オブ・パワーを重視する国際社会のモデルである。こちらは中国では主流にならなかったが、王はそこに専制的な「秦漢式政体」とは別の、よりオープンな国際秩序の萌芽を認めている。

4　オルタナティヴな中国像

さらに、王飛凌は簡単に触れているだけだが、中国の政治にオルタナティヴな可能性の生じた時代がもう一つある。それは、魏・呉・蜀の三国が並び立った三世紀前半である。

中国文学者の金文京はこの三国のうち、呉の独自性に注目している。曹操の率いる魏と劉備の率いる蜀は、いずれも自分こそが唯一の正統の政権だと主張した。彼らにとって、皇帝は天下に一人でなければならない。それに対して、もともと豪族の集合体である呉の孫権、およびそのブレーンである魯粛《ろしゅく》はそのような正統性をめぐるゲームからは撤退し、三国の鼎立を受け入れつつ、遠隔地の政権とも外交関係を結ぼうとした。[*10] つまり、呉は「中国の統一」に強くこだわらなかったのである。もしこちらの考え方が主流になれば、その後の中国がヨーロッパに近づいたことは十分に考えられる。

言うまでもなく、日本（邪馬台国）が初めて本格的に歴史に登場したのも、『魏志倭人伝』においてである（日本は八世紀になるまで自らの歴史を表象する能力を欠いていた）。『魏志』を含む正史『三国志』には、日本人とのファースト・コンタクトのみならず、さまざまな辺境の地との交渉が記録されている。中国大陸に初めて三人の皇帝が現れたとき、東アジアはその広大な腹のなかに「国際社会」の胎児を孕んだ。三国時代は三つの国家に加えて、その周りのプレイヤーも可視化されつつあった時代、いわば東アジアの世界像の額縁が広がった時代なのである。

この三世紀の政治状況は、遥か千数百年後のわれわれとも無縁ではない。今日の東アジア情勢を考えるのにも、有益なヒントになる。

大陸中国と台湾（中華民国）はいわば魏と蜀のように、自分こそが唯一の正統的な政権だという立場をとってきた（台湾では九〇年代後半に国民党の李登輝総統のもとで、二つの中国を認める志向が強まったが、大陸はあくまで一つの中国という原則を堅持し続けている）。逆に、一九九七年までイギリス植民地であった香港はいわば呉のように、正統性をめぐるゲームには乗らずに、世界屈指のグローバル・シティとして経済的繁栄を謳歌してきた。しかし、昨今、香港の独立志向の本土派は自分こそが正統な中国だという立場を打ち出し、大陸の中国文化をフェイクと見なし始めている(第八章参照)。この新しい路線が定着すれば、香港は呉のようなポジションから離れることになるだろう。

このように、東アジアにはすでに三世紀に国際関係らしきものがあり、一一世紀の「澶淵システム」では国家間の勢力均衡も試みられ、二〇世紀には香港のような商業都市が成長した。もし中国に呉や香港のような国家や都市がもっとたくさんあり、宋の外交方針がもっと長く続けば、日本を含めて東アジアの歴史は大きく変わったに違いない。

このことはわれわれの想像力において、意外と盲点になっているように思える。例えば、網野善彦のように日本史を海洋民中心に見ようとする歴史家はいた。しかし、もし隣の中国がヨーロッパのような社会であったら――そして海洋のネットワークを築こうとする中小の国家が栄えていたら――日本はどうなったかを想像する学者は少ない。この場合、日本は好むと好まざるとにかかわらず、海洋により強く導かれ、国際的な政治ゲームに深く関与することになっただろう。中国のもつ他の可能性を考えることは、そのまま他でもあり得た日本の姿を想像することにつながる。

中国がユーラシアの帝国として君臨するときだからこそ、「一つの中国」から逸脱した中国像を復元する意味がある。アリストテレスの『詩学』の定義によれば、歴史家がすでに起こったことを語るのに対して、詩人は起こる可能性のあることを語る。東アジアの政治についても、オルタナティヴな可能性を詩人的想像力によって縁どることが、結果として現実性についての了解も豊かにするのではないか。

5　双頭の獣——米中新冷戦のアイコン

ただ、東アジアの国際政治があくまで可能性としてあっただけで、ヨーロッパ的なものに発展しなかったことは、やはり厳然たる事実である。それは未完のプロジェクトに留まっている。

そのことは二一世紀になっても政治上の障害となり続けている。日韓の政治家はまるでキレやすい子供のように、いまだに些細なトラブルから過度にエキサイトし、相手との関係をいっそうこじれさせてしまう。歴史認識をめぐって声高に叫ぶロビイストが、良識的な市民以上に目立ってしまうのも、両国の関係の未熟さを示すものだろう。あるいは、二〇一九年の香港では中国への逃亡犯の引き渡し条例に対して、市民から強烈な反発が起こり、大規模なデモ（反送中運動）に発展したが、もし地域間の信頼関係が構築されていれば、そのような条約もある程度有効に機能するはずである。東アジアでは商業や観光や娯楽のネットワークは充実しているが、国際政治はまだ成人に達していない。

もっとも、いついかなるところであっても、啓蒙された成人だけが社会を作るわけではないし、それは「全球化」の時代も同じである。二一世紀の中国の勃興は今や東アジアに留まらず、リーマン・ショック後の一帯一路構想と二〇二〇年のパンデミックを経て、惑星上の現実を大きく変えてしまった。このことは、地中海周辺に源流をもつ国際政治というゲームそのものへの挑戦を含んでいる。ここ数年、深刻さの度合いを増すアメリカと中国のあいだの「新しい冷戦」も、このゲームの変容という文脈から考えられねばならない。

振り返れば、一九七二年のアメリカのニクソン大統領の電撃的な訪中と毛沢東・周恩来との会談、およびそれに続く上海コミュニケ——この米中の共同声明では東アジアにおける覇権の樹立が禁じられる一方、台湾は中国の一部ということが認識された——の発表によって、アメリカと大陸中国は融和へと歩を進めた。しかし、それからおよそ半世紀を経て、今の米中関係はかつてなく険悪な状態にある。もはやお互いに分かりあえるとは思っていないアメリカと中国が、しきりに鍔迫り合いを繰り広げているのだ。

それでいて、今の両国の首脳は図らずもニクソンと毛沢東を戯画的に反復してもいる。それはポストモダンの文化論を想起させる。ウォーターゲート事件で辞任したニクソンの道をたどりかけたドナルド・トランプ大統領が、あらゆる基礎づけを嘲笑しながら政治ゲームの「親」になろうとするディーラー型のポストモダニストだとしたら、毛沢東に憧れる習近平国家主席は「中華民族偉大復興」を掲げて伝統をロールプレイするシミュレーショニスト型のポストモダニストである。堂々とした体軀を示すこの両者は、自らの威信を記号的に操作することに余念がない。彼らは自らが偽物であることを本能的に弁《わきま》えながら、本物になりすまして政治的なショーを続けている。

では、この奇妙なリーダーたちの率いる米中の対立を、どう捉えればよいだろうか。二〇世紀後半の米ソの冷戦は、資本主義と共産主義（反資本主義）のあいだの闘いであった。それに対して、二一世紀前半のアメリカと中国は、資本主義という同じゲームのプレイヤーであることは共通しているが、そのゲームに参加する装いが異なっている。つまり、アメリカが資本主義と民主主義というカップリングでやっているのに対して、中国は資本主義と権威主義というカップリングでやっているのである。

したがって、米中新冷戦下の世界を仮にアイコン化するならば、いわば同じ身体（資本主義）に二つの頭（イデオロギー）の生えたヤヌスのような姿になるだろう。この双頭の獣はたえずもう一方の頭を牽制し、ときにひどく嚙みつくが、それは自らの身体を傷つけ、疲弊させることにもなる。両者は表面では激しく敵対しつつ、深層では依存しあうというアンビヴァレントな関係にある。しかも、アメリカにせよ中国にせよ、もはや資本主義という惑星大に膨れ上がった身体のすべてを代表することはできない。かつての「覇権国家」のように世界に君臨するのは、両者ともに困難である[*11]。

この双頭のあいだの隔たりは、ある意味ではかつての米ソよりも大きい。ソ連は確かに「西側」と敵対したが、その中枢のイデオロギーであるマルクス゠レーニン主義はヨーロッパに由来する。現実には一党独裁の専制的な収容所国家に変じたとはいえ、建前においては、ソ連も労働者階級の主導する民主主義を拒んだわけではない。「ロシアと西ヨーロッパ、私には二つの故郷がある」というドストエフスキーの言葉は、ソ連という国家の原像にもつながっている。この二つのいずれが欠けても《ソビエト》という創作物は成立しない。

フランクフルト学派の思想家ヘルベルト・マルクーゼも一九五八年（フルシチョフによるスターリン批判の二年後）の著作で、ソ連を「ヒューマニズム的諸価値」を拠りどころとする「西欧の後継者」と見なした。ただし、西欧的倫理が公と私、道徳と実践、理念と生のあいだの緊張を保とうとするのに対して、ソビエト的倫理はむしろこの緊張を打ち消して、二つの位相を統一しようとする――そこにヨーロッパとソ連の違いを認めるのがマルクーゼの見立てであった。[*12] ソ連はヨーロッパ由来の共産主義を、私的な選択の余地のない国家的な命令として、留保なく実行しようとする。だが、このソビエト的倫理は、実際にはスターリニズムと強制収容所を生み出したのである。

かたや、アメリカの建国はイギリスのコモン・ローに依存していた。一七七六年の独立宣言を短期間で書き上げたというトマス・ジェファーソンは、イギリスの圧政への異議申し立てを主眼としており、国家の「独立」というよりは立憲主義に基づく「分離」を訴えていた。ここから「これほど熱がこもらず創建された国家は他にないかもしれない」（ダニエル・ブーアスティン）という辛辣な評価も出てくるが、それでもジェファーソンが、イギリスの立憲的精神をアメリカにおいて再生させたのは確かだろう。[*13] アメリカとソ連はともに、ヨーロッパで構想された思想や法をヨーロッパの外で実行する、若い実験国家としての一面をもっていた。

それに対して、中国の出発点にはこうしたヨーロッパ的なルーツはない。米ソと中国は、そのクロノトポス（時間＋空間）において根本的な違いがある。中国はソ連と違って「西欧の後継者」ではない。そして、まだ建国から二百数十年しか経っていないアメリカとは対照的に、中国はきわめて早熟で、驚くほど持続的である。中国史において、形式上の国是であるマルクス＝レーニン主義は新参者にすぎないし、欧米のリベラリズムや民主主義もまたそうである。象徴的なことに、近年の中国では儒教が復活し、新しい儒者たちは「中国の再儒教化」を唱えているが（第四章以降参照）、それはヨーロッパの民主主義への侮蔑を含んでいる。

ただ、資本主義だけは別である。中国では確かに産業資本主義は二〇世紀まで発展しなかったが、商人はすでに『史記』の貨殖列伝で活写されたように、中国文化のプレイヤーとして早くから登場していたし、漢代にはすでに胡人との貿易も行われていた。近世（明清時代）になると、マックス・ウェーバーが資本主義のエンジンと見なしたプロテスタンティズムの「世俗内的禁欲」に似た倫理も、儒教の内部（とりわけ陽明学）から現れてくる。[*14] 資本主義を受け入れる素地は、すでに中国の文化的伝統のなかにあった。だとすれば、二〇世紀後半の共産主義の時代のほうが中国史の例外と言うべきではないか。

6 「文明の生態史観」再訪

ヨーロッパは地中海世界を下絵として、近代には「国際社会」の雛型を作り、やがてアメリカとソ連という巨大な私生児を生み出した。逆に、中国は国際社会の種子を含みつつも、現実には「一つの中国」を志向し、二一世紀に到って反ヨーロッパ的な世界像を遠慮なく描き始めた。現代のユーラシア（ユーロ＋アジア）の東西には、この二つの異質な政治環境が並び立っている。

われわれはこの状況について、地理的条件を加味して考えてはどうだろうか。ブローデルは地中海がいかに精緻な作品としての《ヨーロッパ》を創出したかを論じたが、それと少しでも近い作業を《ユーラシア》に即してやることはできないだろうか。ここで想起されるべきなのは、梅棹忠夫が一九五〇年代に提唱した「文明の生態史観」である。

梅棹はそこで第一地域と第二地域という区分を提案した。第一地域はユーラシアの両端、つまり西ヨーロッパと日本を指し、第二地域はそのあいだのロシアや中国、中央アジアや東南アジアを指す。第一地域は封建体制を経て、高度資本主義を発達させた。それに対して、第二地域では資本主義は未熟であり、おおむね独裁的な体制を選んだ。

古代文明が栄えたのは第二地域である。しかし、乾燥地帯で活動する遊牧民のせいで、第二地域の王朝は決して安定せず、建設と破壊が何度も繰り返された。その間、ユーラシアの端にあり、中緯度で温帯の恵まれた気候にあった第一地域は「中央アジア的暴力」から離れて、オートジェニック（自成的）なサクセッション（遷移）を果たすことができた。梅棹は第一地域の文明の生態系について、わかりやすく説明している。

第一地域というところは、まんまと第二地域からの攻撃と破壊をまぬかれた温室みたいなところだ。その社会は、そのなかの箱いりだ。条件のよいところで、ぬくぬくとそだって、何回かの脱皮をして、今日にいたった、というのがわたしのかんがえである。[*15]

つまり、内陸の帝国（中華帝国、オスマン帝国、モンゴル帝国……）の辺境にあり、遊牧民の暴力を直接受けなかった「温室」であったからこそ、第一地域はサクセッションが順序よく進み、資本主義の利をも先んじて獲得し、ついには第二地域の巨大な帝国群を出し抜くことができた。そして、やはりユーラシアの東端にある日本も、西端にある西ヨーロッパと「平行進化」をたどり、明治維新以降の近代化を他のアジア諸国に先んじて成功させた――これが梅棹の主張の骨子である。

むろん、これはあくまで半世紀以上前の議論であり、今から見ると古いところも多い。梅棹が明らかに間違ったのは、第二地域も資本主義に対して十分な適応性があったことである。一帯一路の拡大およびインドや東南アジアの経済的発展は、その間違いを立証している。また、中央アジアに「暴力的」というレッテルをはったのも一面的だろう。ただ、そのような限界があったとしても、梅棹が東洋と西洋というお決まりの座標を捨て、ユーラシアを二つの地域に分けるアイディアを示したことは、画期的であり、アクチュアルでもある。梅棹には年上のブローデルほどの文献学的精密さと文学的豊饒さはないが、そのぶん彼はヨーロッパを特別扱いすることなく、ユーラシアの生態系のなかに遠慮なく組み込むことができた。

二一世紀の世界は、まさに第一地域（ユーラシアの辺境）の衰退と第二地域（ユーラシアの内陸の帝国）の勃興によって特徴づけられる。すなわち、第一地域のヨーロッパ諸国や日本は民主主義の自重に押しつぶされ、ブレクジットに象徴されるようにEUの基盤も揺らいでいている。地中海世界から発展したヨーロッパの国際社会のモデルは、今や大きな試練のときを迎える。

逆に、第二地域はこの半世紀のあいだに多くの独立国を生み出した、いわば古くて新しいエリアである。梅棹が言うように「第二次世界大戦後の旧世界の情勢を、ひとくちでいえば、それは、第二地域の勃興である」。さらに、梅棹はこう予見的に述べた。

第二地域は、将来四つの巨大なブロックの併立状態にはいる可能性がかなりたかいとおもう。中国ブロック、ソ連ブロック、インド・ブロック、イスラーム・ブロックである。それぞれは、たしかに帝国ではない。しかし〔…〕それらはかつて、かれらが属し、革命によって破壊したところの、むかしの帝国の「亡霊」でありえないだろうか。それぞれ、清帝国、ロシア帝国、ムガル帝国、およびスルタンのトルコ帝国の亡霊たち。[*16]

梅棹の半世紀前の予言通りに、二一世紀のユーラシアには「帝国の亡霊」が徘徊している。すなわち、中国はシルクロードと儒教に回帰し、ソ連はロシアに変わってプーチン大統領のもとでロシア的価値の復興に傾き、イスラム圏はカリフ制の復活を唱えるイスラム国という鬼子を産んだ。近いうちに中国を抜いて世界一の人口大国となると目されるインドでも、いずれ帝国化の動きが始まるかもしれない。そして、日本を含めた第一地域という「温室」は、この帝国の亡霊たちの行進を、なす術もなく見守るようにしかないように思える。

第二地域のユーラシア人たちが資本主義に適応しながら、非ヨーロッパ的な伝統を復活させている今、第一地域のユーラシア人たちの優位性はもはや自明ではない。西洋と東洋というなじみ深い座標では、この変化をつかみ損ねてしまうだろう。われわれはまず、従来の認知地図を大胆に書き換えなければならない。

この観点から言えば、二〇一四年の雨傘運動以降、中国化に反発して大規模なデモを続けてきた香港は、きわめて興味深い存在である。グロティウスの時代の富裕な商業国ネーデルラントが大国スペインからの独立を目指したように、グローバル・シティ香港の若者も大国中国からの独立を目指すが、その闘いは実は「文明の生態史観」の額縁にきれいに収まっている。梅棹は言及していないが、香港や台湾は日本とともに帝国の辺境、つまり資本主義を発達させた第一地域に属する（少なくとも第一地域に準じる）エリアだと言えるだろう。香港と中国の闘いは、まさに第一地域と第二地域の争いの最前線なのである。

それゆえ、香港のデモはたんなる一地方の動乱ではなく、歴史的な事件として了解されなければならない。だが、このホットな問題に入る前に、もうしばらく「帝国」の周りを散歩してみよう。思えば、前世紀の東アジアには第一地域から第二地域に進出し、多民族的な帝国を築こうとした国家があった——それは言うまでもなく日本である。

＊1 エルンスト・カッシーラー『国家の神話』（宮田光雄訳、講談社学術文庫、二〇一八年）二八三頁。大沼保昭編『戦争と平和の法』（補正版、東信堂、一九九五年）もグロティウスについて幅広い知見を与える良書である。

＊2 岡義武『国際政治史』（岩波現代文庫、二〇〇九年）第二章参照。ついでに言えば、二〇世紀に量産されたスパイ映画は、イギリスの「007」シリーズを筆頭に、エロスで味つけされた大衆的な外交官映画とも言えるだろう。それはヨーロッパの政治史の伝統に裏打ちされたものである。

＊3 フェルナン・ブローデル『地中海』（第一巻、浜名優美訳、藤原書店、一九九一年）三一三頁。

＊4 同右、二八一頁。

＊5 詳しくは、W・モンゴメリ・ワット『地中海世界のイスラム』（三木亘訳、ちくま学芸文庫、二〇〇八年）参照。

＊6 周藤芳幸『古代ギリシア　地中海への展開』（京都大学学術出版会、二〇〇六年）五頁。

＊7 ブローデル前掲書、五五七頁以下。

＊8 詳しくは以下を読まれたい。Yuri Pines, *The Everlasting Empire: The Political Culture of Ancient China and Its Imperial Legacy*, Princeton University Press, 2012.

＊9 王飛凌『中華秩序』（王飛凌・劉驥訳、八旗文化、二〇一八年）一二五頁。

＊10 金文京『中国の歴史04　三国志の世界』（講談社、二〇〇五年）。金文京・福嶋亮大「世界認識としての「三国志」」『ユリイカ』（二〇一九年六月号）も併読されたい。

＊11 二〇一九年に亡くなったイマニュエル・ウォーラーステイン（ブローデルの弟子でもある）の世界システム論は、資本主義に国家的な「顔」を与えた——すなわち、一七世紀のオランダ、一九世紀のイギリス、二〇世紀のアメリカという具合に。しかし、今の資本主義には顔がない。それは世界商品が砂糖、紅茶、自動車のような実体的なモノから、非実体的な情報や金融に変わったこととも関わるだろう。

＊12 ヘルベルト・マルクーゼ『ソビエト・マルクス主義』（片岡啓治訳、サイマル出版会、一九六九年）第九章。

＊13　佐伯啓思『「アメリカニズム」の終焉』（中公文庫、二〇一四年）二三三頁以下。

＊14　これは、ウェーバーの『プロテスタンティズムの倫理と資本主義の精神』の向こうを張って書かれた余英時の野心作『中国近世の宗教倫理と商人精神』（森紀子訳、平凡社、一九九一年）の説である。ちなみに、日本の陽明学は「知行合一」の名のもとに世直しの思想に利用されたため、しばしば過激派の学問のように思われているが、それは必ずしもこの学問の本質ではない。

＊15　梅棹忠夫『文明の生態史観ほか』（中公クラシックス、二〇〇二年）一二五頁。

＊16　同右、一一〇、一二九頁。

第三章　新しい大東亜共栄圏

1　地理学と地政学

一九二八年生まれの網野善彦は、フェルナン・ブローデルの『地中海』について触れたエッセイで、戦中に出会ったフランスの人文地理学の書物――リュシアン・フェーヴル（アナール学派の創始者でブローデルの師）の『大地と人類の進化』やヴィダル・ド・ラ・ブラーシュの『人文地理学原理』――から受けた感銘を語りつつ、それらが「当時はやっていたドイツ流の「地政学」とは非常に異なるものだったこと」を述懐している。[*1] では、フランスの地理学と区別されるドイツの地政学とは、どういうものであったのか。

当時の地政学は、地球上の限られた資源やエネルギーをめぐる国家間の争奪ゲームを、地理的条件をもとに解明し、ときには政策にも指針を与えようとする学問であった。国家の「生存」を第一の目標として、それに応じた分析と戦略を政治に提供すること――、それは地理学のプログラムとしては異端であるにせよ、大恐慌を経た一九三〇年代以降の不穏な世界情勢に呼応したものではあっただろう。日本の一部の言論人も、資源の乏しい自国が生存競争に勝ち抜くためのヒントを、地政学に見出そうとしたのである。

特に、ドイツの軍人で、日本滞在をきっかけに日本研究の書物を著したこともあるカール・ハウスホーファーの地政学は、当時の日本の地政学者にとって権威となった。ハウスホーファーは「生存圏」(Lebensraum) の概念を軸として、国家が生き延びるための資源獲得の権利を強調した。このハウスホーファーの主張は、ナチス・ドイツの東方政策に影響を及ぼしたという説もあるが、確たる証拠はない。*2

それ以前に、地政学を日本に導入したのは、東京帝国大学出身の地理学者・飯本信之である。ドイツ語の Geopolitik を一九二五年に「地政学」と訳した飯本は、白人の支配に抗して「有色人種」たちが自らの生存圏を確保すべきだとして、地政学を政策に役立てようと試みた。一九三〇年代に入ると、地政学はもたざる国である日本の「政策科学」としての色彩をいっそう強めていく。インターナショナルな思想はもはや空想的であり、世界の諸民族はアウタルキー(経済的自給自足)やブロック経済に閉じこもっていくだろうと考えた地政学者たちは、日本の植民地拡張を生存圏獲得のための当然の権利と見なした。こうして、地政学は日本の膨張主義を「正義」に仕立てる学問として、言論界に広まったのである。*3

そこからは、地政学的なプランに妙に昂ぶった調子を与えようとする論者も現れた。例えば、京都帝国大学の小牧実繁《さねしげ》——「地理学の京都学派」の代表者と目される——はハウスホーファーの地政学を批判し、地政学を「八紘一宇」(白人の暴力的な支配に抗して、天下を一つの家にしようというスローガン）を掲げる大東亜共栄圏の思想に即したものにアレンジしようとした。小牧の『東亜の地政学』（一九四二年）には、フランスの人文地理学のもつような学問的香気は微塵もないが、国策と学問を連接させようとする熱意だけは満ち溢れている。

> 近頃流行つて居りますドイツの地政学は如何に優れたものでありませうとも、又イタリーの地政学がどの程度に優れたものでありませうとも、吾々日本人には日本地政学以外の地政学はあり得ないのであります。［…］洵《まこと》に我が日本地政学は、始めなく終りなく、生成発展致しまして、暫くも止まることのない皇道に発するところの地政学であります。

小牧はヨーロッパの横暴な「覇道」の地政学を批判しながら、アジアの民族を連帯させる「皇道」の地政学を賛美する。「スメル」（シュメール）の語源がインドの「須弥山」であり、それが「スメラミコト」（天皇）に通じるという、当時のいかがわしい俗説までそこには顔をのぞかせていた[*4]。言うまでもなく、それは「日本地政学」を「東亜の地政学」に飛躍させるための内容空疎なレトリックにすぎなかった。

それに比べれば、近衛文麿首相のブレーン・トラスト（今で言うシンクタンク）であった昭和研究会の面々の構想した東亜協同体論は、多少マシである。その第一人者である蠟山政道《ろうやままさみち》は、ナショナリズムを超えた「地域主義」を東アジアから立ち上げ、国際連盟に代わって世界平和を推し進めようと企てた。その際、西洋に対抗するために、アジア諸国に自主的な連帯をもたらすとされた理念が「協同主義」である。この「協同主義」の中身も論者によって一様ではないが、おおざっぱに言って、資本主義、自由主義、個人主義、全体主義、共産主義、そのどれでもない「アジア的連帯」の原理を構想しようとするものであった。西洋の生んだあらゆるイデオロギーの超克が、協同主義の名のもとに企てられたのだ。

東亜協同体論は「日満支の連携」を唱える近衛の「東亜新秩序」のスローガンと並走しながら、東アジア地域全体の「共同福利」を看板として掲げた。とはいえ、その主張があまりにも抽象的であったことは否めない。例えば、哲学者の三木清は協同主義を東洋的な「無」によって基礎づけたが、それは東亜協同体の実体のなさの裏返しである。さらに、大東亜共栄圏がいっそう誇大妄想的な幻想に近づくにつれて、蠟山や三木らの議論は時勢にあわなくなり、昭和研究会のメンバーの発言も目立たなくなっていく。国家のエゴイズムを超えたアジア的連帯を旨とする「協同主義」や「地域主義」は、日本のアジア侵略と植民地拡張という現実を前にして、自己矛盾に陥ってしまったのである。*5

2　エピデミック／エンデミック

してみれば、地政学や地域主義が戦後日本で呪われた思想になったのも不思議はない。面白いことに、これらと入れ替わるように一九五〇年代に出てきたのが、梅棹忠夫の「文明の生態史観」である。梅棹はいわば生態学的な地理学によって、日本を「東亜」から引き剝がして、西欧と同じ「第一地域」という新たな座標軸のなかに組み込んだ。それは結果的に、戦時下の「東亜の地政学」や「地域主義」の悪霊を祓うものになったと言えるだろう。

梅棹は今西錦司、梅原猛、中尾佐助らとともに、戦後の「新京都学派」の一員に数えられる。先輩の今西隊長の探検隊には「見習士官」として参加し、一九四一年以降、ミクロネシアのポナペ島や中国東北部の大興安嶺への「地理学的探検」を果たした（今西グループは心情的に癒着した師弟関係ではなく「契約にもとづくゲゼルシャフト」であったと梅棹は述懐している――これは日本の共同研究のあり方としてユニークなものと言えるだろう）。[*6]「文明の生態史観」はこの戦時下のユーラシアの探検を手がかりとして生まれたものである。

今西は地政学の流行していた一九三〇年代に、賀茂川のカゲロウの生態研究を通じてダーウィニズムを批判し「棲み分け論」を唱えたことで知られるが、戦後の梅棹はこのようなエコロジカルな理論をユーラシア史の記述にまで拡張した。つまり、小牧実繁の地政学のようにイデオロギー的な「皇道」をモデルにするのではなく、今西の生物学のようにエコシステムをモデルにしたのである。戦時下の地政学は地理学をハイジャックして、国策と結びついたが、戦後になって再び（エコ化した）地理学によって上書きされた。

さらに、梅棹が「文明の生態史観」に epidemiology（疫学）の考え方を取り入れたことも、地政学との大きな違いである。このモデルは宗教と類縁性がある。梅棹は epidemic（流行性）な病気と endemic（風土性）な病気を対比した。そして、この疫学のモデルを敷衍して、風土を問わず伝染病のように広がるエピデミックな宗教と、特定の土地に根ざしたエンデミックな宗教を分ける。

病人の隣にいたイエス・キリストやブッダ、あるいは京都の祇園祭――悪疫退散の意図から始まったと言われる――を例にしながら梅棹が言うように、宗教や宗教的イベントの発生は病気と切り離せない。さらに、ペストがユダヤ人への憎悪を増大させたことを思えば、エピデミックな疾病がたんに宗教を活気づけただけではなく、宗教対立の一因にもなったのは明らかである。そして、言うまでもなく、宗教は身体の異常だけではなく、精神の異常とも深く関わっている。宗教は身体と精神、その双方の病理なしには考えられない。「宗教という現象は、人類の精神構造において、病気の裏がえし現象であるという見かたもなりたつであろう」[*7]。

このような自由な類推は、もっぱらエンデミックな現象を論じた和辻哲郎の『風土』や小牧の地政学からは出てこない。梅棹は疫学のモデルによって、一九三〇年代の哲学や地政学の死角をうまくついたと言えるだろう。

3　クローズド・システムの認識論

ところで、リュシアン・フェーヴル（一八七八年生）の人文地理学とハウスホーファー（一八六九年生）の地政学が、ともに一九二〇年代に始まっているのは興味深い。彼らは一世代上のドイツの地理学者フリードリヒ・ラッツェルの地理決定論を、批判的に継承しようとした。つまり、たんに大地を記述するだけではなく、大地と人類、あるいは大地と政治の動的なコンビネーションを捉えようとしたのである。

第一次大戦頃のヨーロッパでは、他にも地理学、地政学、地球科学に関する重要な著作が相次いで刊行されていた。ドイツのヴェーゲナー（一八八〇年生）が一九一五年に『大陸と海洋の起源』で大陸移動説を唱え、イギリスの地理学者ハルフォード・J・マッキンダー（一八六一年生）が一九一九年に『デモクラシーの理想と現実』を刊行して、地政学の基礎を築いた（ただし、マッキンダー自身は地政学という言い方はしていない）。ドイツの哲学者オスヴァルト・シュペングラー（一八八〇年生）の一九一八年の大著『西洋の没落』第一巻――ゲーテの形態学を世界史に応用し、そのメタモルフォーゼ（変態）を描こうとしたもの――も含めて、これらの著作は地球を捉える視座を大きく変えた。

彼らはヨーロッパにではなく、まったく別の場所に力の源泉を認めた。例えば、ヴェーゲナーの理論においては、大陸はたえず移動するので、地表の不動の中心はあり得ない――というより、そもそも地表は地球のほんの一部でしかない。測地学、気候学、天文学、地質学等を援用する大陸移動説は、その理論の「舞台」を宇宙や地下にまで拡張することで、はじめて導き出されたものである（ヴェーゲナー自身、気象学者であった）。ヴェーゲナーは大陸を動かす原動力をはっきり言い当てることができなかったが、その後のプレートテクトニクス理論では、その力は地殻のさらに深層で起こるマントル対流だと考えられている。

かたや、マッキンダーはランド・パワー（陸上権力）とシー・パワー（海上権力）の闘争として世界史を捉え、二〇世紀にはユーラシアのランド・パワーを握る勢力が強大化していくと予測した。彼の考えでは、東欧や中欧を支配するものが「大陸のハートランド」（ユーラシアの北部から中央部）を支配し、ハートランドを支配するものが「世界島」（ユーラシア&アフリカ）を支配し、ついには世界をも支配することになる（この地理的認識は、現代ロシアの香具師的な右翼思想家で、ユーラシア主義の復活を掲げるアレクサンドル・ドゥーギンの主著『地政学の基礎』において再興された）。そこではもはやヨーロッパは世界史の主役とは見なされない。なぜなら、ヨーロッパ、アジア、アフリカは今や異常に大きな「島」として一つに結合されつつあるのだから——これはまさに中国の一帯一路のヴィジョンを先取りするものでもあるだろう。

こうして、地（geo-）をめぐる認識の転回はヨーロッパ中心主義を解体し、巨大なパワーを備えた地理的単位としての《ユーラシア》を浮上させた。興味深いことに、マッキンダーはその独自の地政学的構想を二〇世紀の世界像の変化と結びつけた。

ただ二〇世紀の地理学的な世界観がこれまでのすべてと異なっているのは、単に程度の問題だけではない。現在、地球の各部についてのわれわれの知識はすでにほぼ完全なものになりつつある。われわれは最近北極点に到達して、それが深い海のまんなかにあることを知り、また南極にも行ってみて、それが大陸の高原の上にあることを発見した。これら最新の発見によって、今われわれの先駆者達の記録は、ようやく完結に近づこうとしている。今後、新しい肥沃な国、重要な山脈、第一級の河川を探索するといっても、そうそう冒険に値するほどの成果は得られないだろう。のみならず、精密な世界地図が画かれるより先に、すでに地球上のあらゆる陸地には、政治的な占有権の要求が提出されている。つまりわれわれは史上で初めて、一種の完結した体系（a closed system）としての世界のなかで生きようとしているのだということを、ゆめゆめ忘れてはなるまい。[*8]

二〇世紀になって未知の大地の探査はほぼ終わり（今西や梅棹の地理学的探検はその歴史の末端に位置している）、地表の隅々にまで二種類の地政学的なパワーが及ぶようになった――マッキンダーはこの「閉じたシステム」の誕生を踏まえて、勢力の均衡を通じた「人類一般の平和」の必要性を訴えた。地政学の台頭は地球全域が占有の対象となる一方、ヨーロッパがもはや優位性を主張できなくなった状況を背景としている。逆に、ヴェーゲナーは現在の大陸と海洋に留まるのではなく、むしろ地球というクローズド・システムの内的変遷と大陸の「起源」（Entstehung）を探るために、地球の内部の探求に向かったのだ。

そして、一九三〇年代に入ると、この閉鎖された地球上ではいよいよ相互の敵対性が高まり、生存圏の獲得競争という地政学の物語が頭をもたげ始めた。ハウスホーファーが捉えようとした、有限の資源とエネルギーをめぐる国家間のサバイバル・ゲームは、まさに地球の自己完結＝自己閉鎖の所産である。日本の地政学者や哲学者もそれに呼応して、皇道主義や協同主義という空論を語った。これらはいずれもクローズド・システムの認識論の一部を成している。

4　新しい大東亜共栄圏

以上を念頭に置きながら、ここで東アジアの現在に目を向けよう。地政学は戦後日本では衰退したものの、グローバル化と中国化が進むなかで、再び論壇の一部で話題になり始めている。とはいえ、今の日本で地政学をどれほど熱心に語ろうと現実的なインパクトはたいしてない。地政学的認識を国家の現実に変えようとしてきたのは、第一地域（辺境）の日本ではなく、第二地域（大陸国家）の中国やロシアである。

例えば、中国の地政学者である閻学通《えんがくつう》は『管子』（法家の管仲の名を冠した雑多な思想書）をたびたび引きながら、米中の二極化のなかで、中国がリーダーシップをとって新たな国際秩序を構築せねばならないと述べる。閻の考えでは、中国は物質的パワーをふりまわすだけの経済優先の「覇道」とは違って、古代の「王道」の思想を基準として、アメリカに勝る国際社会の道義的なリーダーにならねばならない。[*9] もっとも、彼の言う「王道」の内容が何なのかは茫漠としている。それは日本地政学の掲げた「皇道」があいまいであったこととよく似ている。

さらに、哲学の領域でも、戦時下の日本の「東亜の地政学」や「東亜協同体論」を髣髴《ほうふつ》とさせるような議論が出てきている。国内外で論争の的となった一九六一年生まれの哲学者・趙汀陽《ちょうていよう》の『天下体系』（二〇〇五年／二〇一一年）は、西洋思想をローカルな教養体系にまで格下げした。趙は「個人」を絶対化して、天賦人権を認める西洋の個人主義を批判するとともに、議会制民主主義も民心を正しく反映したものではないと見なす。さらに、ウェストファリア条約によって樹立された西洋の「国際性」(internationality)も、彼に言わせれば、依然として国家を出発点にしている点で「世界性」(world-ness)を捉え損なった不完全な概念にすぎない。現に、国際社会のリーダーを自任するアメリカは「ならず者国家」や「文明の衝突」のような乱暴な言説をふりかざすばかりではないか……。

それに対して、趙がより普遍的な概念として、つまり端的に世界そのものから出発する哲学概念として提案するのは「天下」である。中国にはもともと「関係の存在論」(ontology of relationship)があり、それは「個体の哲学」のような特定の角度からの視野ではなく、「あらゆる立場からの視野」を実現することができる。趙の言う「天下システム」は、個人主義でも国家主義でもなく、個体と個体のあいだにフォーカスした「関係主義」に根ざしながら、アメリカ主導のグローバリズムを超える新たな政治制度を構想したものである。それは一見すると、グローバル資本主義の生み出す超国家的なシステム──アントニオ・ネグリ&マイケル・ハートの言う「帝国」──と似ているが、趙によれば両者には大きな隔たりがある。

中国哲学の観点から言えば、西洋式の帝国概念はとても受け入れられず、合法化されない概念である。それが指すものは政治上の非合法的な覇道の大国にすぎず、政治上の合法性を備えた王道の帝国ではない。中国の帝国についての理解によれば、帝国の義務は世界の「治」(order)を樹立することであり、支配(dominance)にはない。あるいは、世界性統治の合法性は、あらゆる人民の利益を最大化することにあり、自己の人民の利益を最大化することにはない。[*10]

こうして、趙は世界じゅうの人民の幸福を目指す政治、つまり儒教的な「王道」の統治を実現する天下＝帝国こそ、最良の政治制度と見なす。もっとも、この超ナショナリズムの構想は、中国のナショナリズムと必ずしも矛盾するものではない。趙自身は天下システムをあくまで哲学上の概念と位置づけているが、それは一帯一路を補完する政治的なプロパガンダへと、たやすく転換し得るものだろう。

中国はアヘン戦争以来の長い屈辱の歴史から表面上解放されて、今や習近平のもとで堂々と「中国夢」を語り始めた。二〇一〇年に刊行された劉明福《りゅうめいふく》の『中国夢』は、開口一番「世界第一になるのは中国の百年来の夢である」と宣言する。ジャーナリストのギデオン・ラックマンが言うように、共産党のイデオローグである劉は、一九三〇年代の日本の民族主義者がやったように、中国の台頭を西洋の優位性の終わりと「アジアの復興」というストーリーのなかに位置づけた。[*11]現に、トランプ率いるアメリカが「アメリカ・ファースト」ならば、中国は「アジア・ファースト」だと言わんばかりに、習近平は「新しいシルクロード」の国々とウィン・ウィンの経済協力を結ぶことを約束している。

しかも、中国の影響力はアジアに留まらず、アフリカにも及んでいる。二〇一五年にバラク・オバマはエチオピアの首都アディスアベバ（AU＝アフリカ連合の本部がある）で「私は威張ったアメリカ人としてあなたがたの前に立っている」と言ったのに続いて「私はアフリカの子供としてあなたがたの前に立っている」と演説して喝采を浴びたが、まさにそのAUのカンファレンスセンターが中国政府の出資で作られたものであったのは象徴的である。[*12] 中国の経済がアメリカを押しのけて、マッキンダーの言う「世界島」にまで進出する今、「天下」の福利を目指す王道政治を掲げるイデオローグが出てきても、特に不思議はないだろう。

一九九〇年生まれの香港の本土派の言論人で、日本思想にも詳しい盧斯達《ろしたつ》が述べるように、今の中国がやろうとしているのはまさに「第二次「大東亜共栄圏」」の実現である。[*13] 思えば、当時の日本人が日本の「皇道」と西洋の「覇道」を対比させたこと、それ自体が儒教のレトリックの複写であった。大東亜共栄圏という帝国日本のアイディアはそのスケールをユーラシアにまで広げて、二一世紀の中国に里帰りしたのだ。

5　大陸における儒教の復興

二一世紀中国のイデオロギー現象は伝統思想の回帰、特に儒教の再解釈によって特徴づけられる。ここで儒教の系譜をもう少し掘り下げておきたい。

中国の学問には『春秋』をどう解釈するかという伝統的な問題がある。孔子が編纂したと言われる歴史書『春秋』は、外見上はそっけない記述の集まりにすぎない。そこに物語や注釈を与えたのが『春秋左氏伝《さしでん》』と『春秋公羊伝《くようでん》』という書物であり、後世の儒教知識人はそれぞれについての学問を発展させた。

この二つの学問はそれぞれ中国の革命思想の源泉になった。[*14] 左伝学を特徴づけるのは「攘《じょう》夷《い》」の思想である。このスクールの学者たちは、多くの国家間の戦争を記録した『左伝』から、夷狄《いてき》排斥の思想を読み取ろうとした。つまり『左伝』の本旨は、周りの異民族の脅威から、周王朝という「正統」を守る民族主義に認められたのである。

この民族主義的な攘夷思想は、その後も繰り返される。それは、中国の王朝がたえず異民族（匈奴《きょうど》からモンゴル、女真族まで）の脅威にさらされてきたためである。近世の朱子は異民族への敵意を抱きながら『資治通鑑綱目《しじつがんこうもく》』――司馬光の歴史書『資治通鑑』にコメントを付した簡易版で、その「大義名分論」は日本にも影響を与えた――で「尊王攘夷」を語った。東アジアのナショナリズムのレトリックには、左伝学から朱子学、さらに日本の場合は水戸学へと受け継がれていく攘夷思想が深く根を張っている。

それに対して、公羊学のベースにあるのは世界主義と易姓《えきせい》革命である（このいずれも『孟子』との関連が深い）。公羊学は世界帝国であった漢に流行してその後廃れたが、一九世紀末に康有為《こうゆうい》が復活させた。康有為の思想の要点は「小康」と「大同」の区別にある。小康の世では、まだ民族や国家の区別が残り、皆が「私」を追求するために混乱が収まらない。しかし、大同の世になれば、あらゆる境界――国家、階級、人種、性別、家族、生産――は取り去られ、世界共同体が実現されることになるだろう……。康はコスモポリタンなユートピア思想を公羊学のコンテクストから抽出しながら、儒教を一種の政治神学に改鋳したのである（ちなみに、同時期のニヒリスティックな革命思想家で、康有為の論争相手であった章炳麟《しょうへいりん》は左伝学者であった)。

　面白いのは、この世界主義的な公羊学が二一世紀の大陸で再び勃興してきたことである。現代中国の代表的な公羊学者である蔣慶《しょうけい》は、自らの学問を「政治儒学」と名づけながら、王道政治の再興を訴えた。蔣によれば、儒教の王道政治は天道・地道・人道の要求を満たす「三重の合法性」を備えており、西洋の民主政治よりも遥かにまさっている。したがって、儒教こそを改めて中国の政治制度の根幹に据えるべきなのである。

　にもかかわらず、蔣慶の考えでは、近世の朱子学者や陽明学者にせよ、あるいは二〇世紀の儒者たち(特に香港に逃れた牟宗三《ぼうそうさん》や唐君毅《とうくんき》ら)にせよ、その肝心のことを理解せずに、儒教的な政治制度を構想することもないまま心の問題に沈潜してしまった。それゆえ、蔣慶は政治と儒教が結びついていた古代の漢にまで立ち返り、漢の武帝を補佐した公羊学者の董仲舒《とうちゅうじょ》を高く評価するのである。近世から二〇世紀に及ぶ「心性儒学」の系譜を拒絶して、古代の学問に回帰しようとする「政治儒学」は、中国の思想史そのものの書き換えを目論んでいる。この点で、蔣慶を儒教史のリヴィジョニスト(修正主義者)と呼ぶことも可能だろう。

　あるいは、レオ・シュトラウスの政治思想に影響を受けた甘陽《かんよう》は、蔣慶よりもいっそう中国共産党寄りである。甘陽の唱える「通三統」論は、孔子(人情、郷土愛、家族愛)、毛沢東(平等)、鄧小平(市場)の「三つの伝統」を強引に融合させながら「儒家社会主義共和国」の理想形をそこに見出す。これはずいぶんおおざっぱな思想だとはいえ、孔子学院をはじめ、孔子を「ソフト・パワー」に変えようとしている共産党のプロパガンダ戦略と軌を一にするものではあるだろう。[*15] 儒教の伝統は、もはや共産主義とも資本主義とも対立しないのである。

　こうして、蔣慶や甘陽らをはじめとする新保守主義《ネオコンサーヴァティヴ》の政治儒家たちは、儒教の伝統の一部をデフォルメして、それを現代の政治制度の規範に仕立てようとした。しかも、蔣慶にとって、このような政治儒学の復興はたんに中国のみならず、冷戦期にすっかり西洋に洗脳されてしまった東アジア諸国に、文化的覚醒をもたらすものであった。彼は「西亜」の根源にイスラム教が、「南亜」の根源にヒンドゥー教があるように、「東亜」の根源には儒教があると断言する。そして「東亜政治文明の基本特性」として、王道理想、道徳政治、礼治精神、無為の治をあげつつ、こう続ける。

　ポスト冷戦時代は東亜政治文明の回帰と復興の時代であり、同じ理由で「政治東亜」の再建と振興の時代である。[*16]

　蔣慶は趙汀陽と同じく、西洋の覇道を批判して王道への回帰を訴える。ただし、趙が哲学者として超歴史的な「天下システム」を語ったのと違って、蔣は儒者として「政治東亜」の歴史を発見、というよりは捏造しようとしたのである。東亜のコンセプトを政治化することによって、西洋近代を超克しようとすること――、それは東亜の地政学から協同主義にまで及ぶ、戦時下の日本思想を連想させずにはいない。

6　一九三〇年代の諸問題の再来

この新保守主義的なイデオロギーと化した儒教については、本書で引き続き述べていくが、左伝学的ナショナリズムと公羊学的コスモポリタニズムが、東アジアの政治思想の両輪になったことは、ひとまず記憶に留めておいてもらいたい。幕末の「尊皇攘夷」運動に象徴されるように、日本人は知らないあいだに左伝学のナショナリズムに馴染んできた。その一方、二〇世紀の「東亜の地政学」や「東亜協同体論」は公羊学のコスモポリタニズムに近いが、それは日本では根づかず、むしろ二一世紀の中国思想の夢として復活している。

もっとも、夢はえてして悪夢として実現されるものである。あらゆる境界を超えて世界を一つの共同体にする「天下システム」や「大同世界」という中国思想の夢は、皮肉なことに、気候変動やテロリズムやパンデミックや金融危機によってかなえられた。地球上の大陸はリスクをめぐる負の連鎖でつながり、一帯一路はウイルスを運ぶ道となった。かつてヴェネツィアの商人マルコ・ポーロは一三世紀後半にシルクロードを通って、モンゴルの統治する中国に到ったが、今やその旅を逆流するように、中国発のウイルスがヴェネツィアをはじめ、ヨーロッパの諸都市を監獄都市に変えてしまった。

それでも、ウルリッヒ・ベックが指摘したように、予測不可能なリスク社会の到来は世界性を回復するきっかけになるだろう。ベックはカントの世界市民論に回帰しながら、次のパラドックスを強調している。

パラドックスになっている原則が、以下のように適用されます。諸国家は、国家の利害から、脱国家化しなくてはいけないし、超国家化しなくてはいけません。つまり、グローバル化された世界において自分のナショナルな問題を解決するために、自己決定権のいくつかの部分を放棄しなくてはいけないのです。[*17]

国家は今や、自らを守るために自らの領分を部分的に放棄せねばならない。地球規模の問題解決のためにグローバルな「主権」を求めるベックは、一見すると趙汀陽と似ている。しかし、中国が「天下システム」としての「世界性」のもとで「自己決定権を放棄」することは考えられない。趙汀陽の思想はパラドックスの意識を欠いているため、超ナショナリズム的なナショナリズムへとすんなり合流できるだろう。

したがって、われわれに必要なのは「世界性」の内容を再検証することである。繰り返せば、インターナショナリズムの幻想の潰えた一九三〇年代に、地政学者はクローズド・システムとしての地球のなかで、生存圏の公平な配分を求める闘争を正当化した。それはファシズムを利するものでもあった。このことはわれわれにとっても無縁ではない。グローバリズムの幻想が崩壊するなか、二〇二〇年代には生存圏や大東亜共栄圏のテーマも含めて、一九三〇年代の諸問題が再来するだろう。つまり、たんに国家どうしが争うだけではなく、楽天的なグローバリズムに代わって複数の「世界性」のあいだの競合と衝突が始まるだろう。日本の地政学を回顧する意味もここにある。

＊1　網野善彦「新しい人類史へと誘う書」ウォーラーステイン他『『地中海』を読む』（藤原書店、一九九九年）七五頁。

＊2　最近この説を全面展開したのが、米寿の映画監督吉田喜重の小説『贖罪』（文藝春秋、二〇二〇年）である。吉田はルドルフ・ヘスの視点を借りて、ユダヤ人の妻をもつハウスホーファーを、自ら望むことなくヒトラーを操ってしまった不幸なプロンプターとして描いた。

＊3　波多野澄雄「「東亜新秩序」と地政学」三輪公忠編『日本の一九三〇年代――国の内と外から』（創流社、一九八〇年）一七頁以下。

＊4　小牧実繁『東亜の地政学』（目黒書店、一九四二年）一―二、二五頁。

＊5　橋川文三「東亜共同体論の中国理念」『橋川文三著作集』（第七巻、筑摩書房、一九八六年）。

＊6　梅棹忠夫『行為と妄想――わたしの履歴書』（中公文庫、二〇〇二年）第三章参照。

＊7　梅棹忠夫『文明の生態史観ほか』（中公クラシックス、二〇〇二年）二九一―二九九頁。それにしても「汝の隣人を愛せよ」というイエスの教えがいかに勇気の要るものかは、誰もが潜在的な感染者であるから互いに距離を置けと命じられ、悪疫退散の祭りも悪疫によって退散させられてしまうパンデミックの時代において、いっそうよく分かるというものである。イエスを「治癒神」として論じた山形孝夫の説も、改めて思い出す価値があるだろう。

ちなみに、悪疫退散の風習としては大儺《たいな》（鬼を追い払う儀式。日本ではこれが追儺《ついな》になる）が有名である。それはすでに中国の秦以前にあり、後漢には宮中で隆盛をきわめ（後漢から三国時代にかけては、深刻な疫病が何度も中国社会を襲ったことが背景にある）、民間の風俗としても盛んになった。当時、疫病は鬼神のしわざだと考えられていた。ただ、三世紀の魏晋以降になると、この「おにやらい」の儀式は徐々に遊戯化していく。張剣光『中国抗疫簡史』（新華出版社、二〇二〇年）二〇頁以下参照。これは三世紀頃に、中国の「治療文化」（中井久夫）の合理化が進んだことを示唆するだろう。

＊8　H・J・マッキンダー『マッキンダーの地政

学――デモクラシーの理想と現実』（曽村保信訳、原書房、二〇〇八年）三九頁。

*9 閻学通『歴史の慣性――これからの中国と世界２０１３―２０２３』（姜春潔・鄭雁天訳、晃洋書房、二〇一九年）第五章参照。

*10 趙汀陽『天下体系――世界制度哲学導論』（中国人民大学出版社、二〇一一年）七九頁。

*11 吉迪恩・拉赫曼（Gideon Rachman）『東方化』（洪世民訳、時報文化、二〇一七年）八三頁（日本語訳も二〇一九年に出ている）。

*12 同右、二六一頁。オバマの演説の全文は以下で読める。https://obamawhitehouse.archives.gov/the-press-office/2015/07/28/remarks-president-obama-people-africa

*13 盧斯達「第二次「大東亜共栄圏」――及戦争」『立場新聞』二〇一九年五月二一日付の論説。https://www.thestandnews.com/politics/第二次・大東亞共榮圏・及戰爭/

*14 以下、二つの学派については、小島祐馬『中国の革命思想』（筑摩書房、一九六七年）六二頁以下にわかりやすくまとめられている。

*15 彭濤『儒化共産党？――当代中国「儒家復興」之政治命運』（開学文化、二〇一六年）一一五、一三一、一四一、一四六頁。

*16 蔣慶『政治儒学――当代儒学的転向、特質与発展』（修訂本、福建教育出版社、二〇一四年）二九二頁。

*17 ウルリッヒ・ベック『世界リスク社会論――テロ、戦争、自然破壊』（島村賢一訳、平凡社、二〇〇三年）五四頁。

第四章　近代のハイジャック——哲学あるいは法螺話

1　連合と帝国

私はここまで第一地域（辺境の国民国家）と第二地域（内陸の帝国）という梅棹忠夫の分類に沿って、ユーラシアの色分けを試みてきた。第一地域の衰退と第二地域の興隆に伴って、ユーラシアには超国家的な「帝国」の亡霊が徘徊している。それは欧米における国民国家への回帰の動き——アメリカ・ファーストやブレクジット——とちょうど対照的である。

第一地域のヨーロッパは二〇世紀に諸国家の集う「連合」を結成したが、ブレクジットを象徴的な事件として、そのほころびが目立っている。逆に、第二地域の中国は今や、ラテンアメリカからヨーロッパ、アフリカに到るまで、多くの国々にしきりに経済的な援助をおこなって、支持を得ようとしてきた。[*1] 対等な国民国家から成るヨーロッパ的な連合のモデルは、一つの突出した大国がグローバルな協同主義を掲げる「帝国」のモデルに脅かされている。これが二一世紀の惑星政治の風景である。

かつて冷戦の終わりと相前後して、ヘーゲル主義者のフランシス・フクヤマは「歴史の終わり」を唱え、リベラルな民主主義の勝利をうたった。しかし、結局のところ、それは誤りであった。一九八九年の天安門事件で中国の民主化運動は弾圧されたが、今日に到るまで共産党政権はそのことの反省を一切表明せず、かえって権威主義的な体制を強化している。さらに、第一地域のヨーロッパですら、極右やポピュリストの台頭によってリベラルな価値観を脅かされ続けているのだ。今や欧米の知識人がしきりに話題にするのは、リベラリズムや民主主義の勝利どころか、逆にその「自死」の可能性である。

近年、政治学者のクラステフ&ホームズはリベラリズムの失敗の原因を、その「自己満足と傲慢」に求めている。彼らによれば、中欧や東欧やロシアにとって、ポスト冷戦期とは、西側のリベラリズムを標準的な理念としてコピーするように駆り立てられた「イミテーション」の時代である。しかし、それは現地の集団的なルサンチマンとストレスを増加させ、その結果として非自由主義の噴出を招いた。彼らは中国の勃興を、リベラリズムのヘゲモニーの終わりとして結論づけるが、それは八九年以降の三〇年間、西側を基準とするイミテーションの時代の終わりをも意味している。[*2]

2　ロシアのユーラシア主義

リベラルな西洋のコピーキャットであることへの不満――、現代のロシアと中国の根底にはまさにそれがある。両国は近年、政治的・経済的に関係を深め、それぞれユーラシア大陸での影響力を拡大してきた。

思想家もこのような状況と無縁ではいられない。一帯一路を掲げる習近平の中国では、一民族や一国家には限定されないユニヴァーサルな価値——中国語で言えば「普世価値」——がしきりに顕揚《けんよう》されるようになった。そこではしばしば、第一地域で育まれた思想（個人主義や民主主義やリベラリズム）をローカルなものに貶めることで、中国の超ナショナリズム的な政治思想の優位性が語られる。「天下システム」の提唱によって論議を巻き起こした一九六一年生まれの趙汀陽は、その筆頭格である。

かたや、プーチンのロシアも自らのアイデンティティを「ユーラシア」にまで拡大しようとする一方、西欧の個人主義や民主主義に公然と異を唱える思想家が現れるようになった。一九六二年生まれの右翼思想家アレクサンドル・ドゥーギンらの掲げるネオユーラシア主義は、ギデオン・ラックマンが言うように、習近平時代に台頭した中国の新保守主義的な儒学と対応している。[*3]「天下」や「ユーラシア」は地理的な名称というよりは、第二地域で起こりつつある反ヨーロッパ的な帝国の哲学を支える概念的な名称なのだ。

ユーラシア主義はもともと、一九二〇年代にロシアから亡命し、プラハ言語学サークルを結成したニコライ・トルベツコイやピョートル・サヴィツキーらの始めた思想である。[*4]ロシア革命を経て東欧に逃れた言語学者トルベツコイには、共産主義への強い反発があった。彼は『ヨーロッパと人類』で、普遍性を僭称する自己中心主義的なヨーロッパの思想、およびロシアの長年の欧化政策を強く批判した。トルベツコイのいささか虫の良い考えによれば、ロシアのボリシェヴィキはいずれ滅亡し、ユーラシア主義が共産主義に取って代わるはずであった。

では、トルベツコイにとって「ユーラシア」の内実はいかなるものであったのか。トルベツコイは共著『東方への脱出』(その執筆者の一人はストラヴィンスキーやプロコフィエフとも交流があった)に「チンギス・ハンの遺産」というエッセイを寄せて、ロシアの政治的起源をモンゴルの支配に求めた。ユーラシア主義の観点では、モンゴルの侵略はロシアをヨーロッパから切り離して草原文化の覚醒を促した、祝福すべき出来事であった。この奇妙な「モンゴル中心史観」に代表される東方への憧憬が、世紀末ロシア、いわゆる「銀の時代」のアレクサンドル・ブロークらの象徴派詩人とも共有されていたことは興味深い。[*5] このことはトルベツコイらのユーラシア主義が、現実に根ざした主張というよりは、幻想や虚構に近かったことを物語っている。

しかし、ユーラシアを何とかして実体化しようとするトルベツコイには、言語学者ならではのユニークな視点もあった。それは、多大な業績を残した言語学者ロマン・ヤーコブソンとの仕事で現れる。ユーラシア主義の系譜をうまく再現したチャールズ・クローヴァーによれば「トルベツコイとヤーコブソンは、文化は内在する論理に従う文化変数に従って変化するのであって、戦争や移住その他の外在的因果関係に振り回されて偶発的に変化するものではないと信じていた」。両者はスラヴ諸言語の音声変化をモデルにしながら、ユーラシアには固有の「文化変数」があると見なした。それによれば、外界がどれだけ変化しようとも、文化のシステムはその内的な論理によって自らを変形させ、拡大させる力をもつのである。

トルベツコイは文学的な幻想とシステマティックな知性を、不思議なやり方で結合させた。ロシアのユーラシア主義者はその欧化への反発において、ヨーロッパ列強を批判した岡倉天心ら日本のアジア主義者と似たところも多い。ただ、天心がロマンティックな「美」の名のもとに「アジアは一つ」のスローガンを掲げた詩人思想家であったのに対して、トルベツコイはユーラシアをその内的な論理によって自己生成するシステムとして了解しようとした。もしトルベツコイのような言語学者が参加していれば、日本のアジア主義にも別の可能性や展望が開けたことだろう。

3　二つのEの相克

ユーラシア主義はソ連時代には異端の思想にすぎなかったが、冷戦の終わりとともに再び脚光を浴びるようになる。一九九〇年代に入って、この遺産に目をつけたのがアレクサンドル・ドゥーギンである。ドゥーギンはソ連崩壊後に指針をなくしていたロシアの思想界に地政学――彼によれば「コンピューターのオープンソース・ソフトウェア」のように共有や頒布が可能なプログラム[*6]――を導入したが、そこにネオユーラシア主義を掛けあわせた。彼の政治思想の根幹にあるのは、リベラリズムでもコミュニズムでもファシズムでもない「第四の政治理論」と称するものである。ヨーロッパの近代的な価値観を軒並みなぎ倒そうとする野心を推し進めるにあたって、彼はユーラシア主義という地政学的なイデオロギーを呼び戻した。

といっても、ドゥーギンの場合、トルベツコイらのユーラシア主義よりは、海上権力と陸上権力の争いに焦点をあわせたカール・ハウスホーファーの地政学、『陸と海と』をはじめとするカール・シュミットの政治理論、さらに九〇年代以降のヨーロッパの極右思想から強い影響を受けている。ドゥーギンのネオユーラシア主義は、旧来のさまざまな右翼思想のサンプリングによって作成されたポストモダンなイデオロギーであり、もとのユーラシア主義はその一部を構成するにすぎない。そのため、ユーラシア主義の研究者であるマーリーン・ラリュエルは、新旧のユーラシア主義を直結させることには慎重である。[*7]

ドゥーギンは胡散臭い山師ではあるにせよ、彼の反ヨーロッパ的なネオユーラシア主義は、プーチン大統領の反EU的な政策と共鳴するものではあった。二〇一〇年代のロシアはヨーロッパとの距離を縮めていたウクライナに対して、激しい政治的闘争を仕掛けるようになった。プーチンは親ロシア派のヤヌコヴィッチ大統領、およびウクライナからの独立をめざす分離主義者を支援して、ウクライナがEUに歩みよることを妨害する一方、グルジア（ジョージア）への侵攻を敢行した。しかし、二〇一三年にウクライナで始まったユーロマイダン（「ヨーロッパ広場」の意。ウクライナの親EU派を中心とする反政府デモ）を経て、翌年のウクライナ騒乱でヤヌコヴィッチは退陣に追い込まれ、ロシアへの亡命を余儀なくされた。

こうして、ウクライナには反ロシア的な政府が樹立されたとはいえ、二〇一五年にカザフスタンやベラルーシとともにユーラシア経済連合（EEU）を結成したプーチンは、依然としてユーラシア帝国への志向を保っている。「ユーラシア」という言葉は、二〇一〇年代に政治的には前例のない成功を収めた。そして、ロシアがユーラシアの帝国という自己像を強化すれば、それだけヨーロッパとの距離は遠くなっていくだろう。かつてトルベツコイが言語的・文化的なシステムとして幻視した《ユーラシア》が、二一世紀になって政治的・経済的な文脈で再浮上したとき、二つのE（ヨーロッパとユーラシア）の相克はいっそう顕著なものになったのである。

してみると、過去のユーラシア主義にはついに復権への道が開かれたのだろうか。だが、そう簡単ではない。ラリュエルによれば、今のロシアが生み出しつつあるのは、皮肉なことに「ユーラシア主義なきユーラシア」である。例えば、ユーラシア主義者は中央アジアに対して親愛の情を抱いていたが、ネオユーラシア主義の主張のレパートリーからはそれが失われている。さらに、ゼノフォビア（外国人恐怖）の度合いを増すロシア社会もまた、旧ソ連を構成するアジアからの移民を歓迎していないのだ。「ユーラシア」という言葉がロシアの公共空間やポピュラーカルチャーに侵入すればするほど、ユーラシア主義の創設者たちの本来の主張は忘れられていくと、ラリュエルは総括している。[*8]

ラリュエルら研究者は、ロシアの二面性——帝国にして国民国家、ヨーロッパにしてアジア、近代にして反近代——に注目してきた。ロシア的なアイデンティティはこの両極のあいだを漂流し、一点で固定されることはない。このヌエ的で不透明な性格は、ユーラシア主義においていっそう強調される。なぜなら、ユーラシアという概念は「ヨーロッパでありアジアでもある」という主張と「ヨーロッパでもアジアでもない」という主張を両立させられるからである。したがって、そのつどの政治状況に応じて、今後のネオユーラシア主義もヨーロッパおよびアジアとの距離を随意に変容させていくだろう。

4　中国の政治神学

このように、帝国へのノスタルジーを含んだロシアのユーラシア主義は、ジグザグの進路を歩みながら、ドゥーギンという異端の相続者を生んだ。では、中国における帝国の思想はどういうものだろうか。

ドゥーギンと同世代の趙汀陽を、前章に続いて再び取り上げてみよう。趙は天下システムの提唱に続いて、西洋哲学への批判を今日まで精力的に繰り広げている。そこには西洋に対して哲学的に優位に立とうとする欲望が、臆面もなく示されている。その主張から、大きく二つのポイントを挙げておこう。

一つは政治神学の樹立である。趙は歴史的な展望のもとに、中国に「連続性」（＝文明が中断せずに連綿と続いてきたこと）「兼容性」（＝多民族・多文化によって構成されること）「非宗教性」（＝高度に世俗化された文明であること）という三つの特質を認める。彼の考えでは、これらを生み出したものこそが、中原を核心とする「旋渦《せんか》」、つまり内向きに旋回する渦の運動である。

趙によれば、中国は拡張型の帝国ではない。にもかかわらず、外部からの侵入を何度も引き寄せるうちに、結果的に多民族を包摂する王朝が形作られた。つまり、中国は好むと好まざるとにかかわらず、周囲の他民族・他文化をたえず内側に巻き込んでいくユニークな帝国として進化してきたのである。この強い求心力を備えた渦状の力は、無限の包容力を備えた「天下」という政治概念を中国に根づかせた。

面白いのは、ここで趙が「尊王攘夷」のような左伝学的（朱子学的）なナショナリズムを斥けて、むしろ公羊学的な世界主義（大一統）を評価したことである。「華」と「夷」を区別して後者を疎外し排撃するのは、趙によれば『春秋』の曲解にすぎない。なぜなら、天下システムの特性は「外がない」ことにあるのだから。天下は絶対的に「一つ」であり、しかもその内部は無限に多様なのである。

この「天下を内包した中国」は、古代のポリスでも近代の国民国家でも西洋式の帝国でもない（そもそも趙によれば、国民国家はヨーロッパの特殊なモデルにすぎず、決して「国家形態の主流」ではない）。「天下」という理念はあらゆる文化や民族を包含する。このようなコンセプトを生み出したのが、古代の周王朝である。

天下概念は周王朝の特殊な発明ではあるが、天下概念の内容には排他的ではない普遍意義があるため、普遍的に受け入れられ共有される政治神学の資源となった。

趙の考えでは、周が「世界性」を伴った天下システムを構想してから「中国概念の神学化」は絶え間なく続いてきた。「天下」という超越性＝世界性をインストールされた中国は、周囲を巻き込み続ける「旋渦」のゲームをやめることがない。「たえず天下の尺度に近づこうとする」中国は、その開放性によって休むことなく生長し続けている。[*9] そのことが、中国をたんなる地理的概念ではなく「神性概念」へと引き上げたのである。

天下＝中国そのものを生み出す神学的な力の源泉をつかもうとする趙の議論は、同じくリベラルな民主主義に敵対した政治学者カール・シュミットの『政治神学』と比べられるべきだろう。シュミットによれば、一九世紀の国家理論は法システムについての議論を内的に精密化するだけで、法の外部については問わなかった。それに対して、シュミットはむしろ法を停止させる例外状態こそを重んじ、そこで決定（決断）を下す絶対的な「主権者」を輪郭づけた。この法‐外の決定を下す主権は、国家が所有する。「決定はいかなる規範的拘束からもまぬがれ、本来の意味で絶対化される。例外事例において、国家は、いわゆる自己保存の権利によって法を停止する」[*10]。

趙がやろうとしているのも、まさに中国版の「政治神学」を描き出すこと、つまり中国の法や政治のさらに上位にある絶対的な何ものかに遡ることである。しかし、彼はシュミットと違って、法を停止させる神のような主権者には関心を示さない。なぜなら、趙にとっては、非人格的な「旋渦」の運動こそが中国政治の神学的な起源なのだから。この法‐外のスパイラルのおかげで、中国は特殊な国民国家を超克して、普遍的な天下に近づき続けている。しかも、趙によれば、渦状の天下システムは帝国主義的な拡大とは違って、諸民族を「共存」させるように働くのだ。もっとも、この政治神学が中国の超ナショナリズム的なナショナリズムを何ら揺るがすものではなく、むしろ補完するイデオロギーであるのは、前章で述べた通りである。

5　コギトからクレオへ

趙汀陽の思想のもう一つの柱は、ヨーロッパの第一哲学の修正にある。デカルトの『第一哲学に関する省察』で示された新たな第一哲学《プリマ・フィロソフィア》（形而上学）の構想に対して、趙は孔子とジャンバッティスタ・ヴィーコの影響のもとで大胆な批判を向ける。「デカルトは自らが哲学に堅固で壊れることのない支点を探し出したと信じた。それはcogitoである。しかし、私は哲学には少なくとももう一つの支点が必要だと信じる。それはfacio（行）である」。

すべてを疑ったデカルトは、コギト・エルゴ・スム（我思う、ゆえに我あり）が哲学の基礎になると見なした。しかし、趙にとってそれは不十分である。彼はデカルト的な「思」に対して、「行」にこそ第一哲学の支点を認める。アリストテレスの用語で言えば、趙の力点はテオーリア（観想）ではなく、ポイエーシス（制作）やプラクシス（実践）に置かれる。デカルト的コギトを始点にしても、われわれの存在する生活世界の実態を捉えることはできない。「我思う、ゆえに我あり（cogito ergo sum）はたんなる論理証明であり、存在論証明ではない」。

では、この「行」はいったいどのように働くのだろうか。結論から言えば、その本質は

「事」の創造にある。趙は「事的世界」の創造行為、およびその行為を把握するための存在論こそが、第一哲学の最重要の課題だと見なす。

趙の工夫は、哲学の取り組むべき世界を以下の四つ——物（thing）の世界、語（language）の世界、思（cogitatum）の世界、事（fact）の世界——に分けたことにある。もっぱら「物的世界」や「思的世界」に根ざすデカルトの哲学は、趙が重視する「事的世界」には及ばず、事の存在論を欠いている。つまり、デカルトは真の意味での「存在証明」に失敗したのである。そこで趙は、デカルト的コギトとは別の道を提案する。

いかなるfacio（行為）もすべてcreo（創造）である、これが存在論の始原の問題であり、永遠の問題でもある。〔…〕存在と創造が一致するということは、存在の本源を反省する存在論は同時に創世論でもあることを意味する。これが真正の第一哲学なのである。

運命や歴史を決定する事件は事的世界に属しており、「我思う」ではなく「我行う」が事的世界を創造するのであるから、事的世界の表明する原則は「我行う、ゆえに我あり」（facio ergo sum）である。「我行う」こそが「我あり」の存在論証明である。そして、人間は事的世界の創造者であり、為すこと（facio）は必然的に創世（creo）を意味するのであるから、facio ergo sum は同時に「我創世する、ゆえに我あり」（creo ergo sum）を意味している。

第一哲学の修正を経て「我あり」の証明書の発行元は、コギトからファチオへ、さらにクレオへと移される。つまり「思うこと」ではなく「行うこと」や「作ること」が、存在論の根本問題として評価される。趙が何度も強調するのは、「行」が事的世界に対して創造的に関わるということ、それによって歴史が生み出されることである（天下システムも旋渦モデルも、趙にとってはいずれも事的世界＝歴史的世界の産物である）。しかも、事（fact）は「行」によってたえず創出されるのだから、そこには本源的な「未決性」がある。

事物（things）には限界があるが、事情（facts）には限界がない。事物の存在は世界を超えられないが、事情は世界を超えることができる。

こうして、内的な限界をもたない事的世界では、to be（あること）よりも to do（すること）が、現実性よりも可能性が、思うことよりも作ることが、いっそう根源的な問題として現れてくる。趙はこの転換に「存在論換位」（ontological transposition）という名を与え、第一哲学の新たな拠点に据えた。「人間の創世問題こそが第一哲学の第一問題である」。

もともと、二〇世紀に入ってから、デカルトの第一哲学の企てを継承しようとしたのはフッサールである。フッサールは後期の主著『デカルト的省察』において、哲学が千々に分裂して「哲学文献の山」になった状況を、かつてのデカルトに倣って打破せねばならないと強く主張した。その企ては「哲学を絶対的に基礎づけられた学問へと、全面的に改革すること」に、つまり哲学を根本的にやり直すことに向けられる。

ただし、フッサールはデカルトのコギトの抽象性に大きな限界を認める。フッサールの提案は、哲学の基礎をコギトから「無限の多様性」へと開かれた「モナド」(ライプニッツ)に移し替えることにあった。彼によれば、意識は常に何ものかへの意識であり、この意識特有の「志向性」においてこそ、自我(モナド)は多様な経験を与えられる。窓のない、それでいて「異なるもの」への多様な志向性を備えたモナドの概念によって、フッサールはデカルトの限界を超えて「間主観性」への回路が開けると考えた。[*11]

しかし、趙であれば、デカルトのコギトを乗り越えようとしたフッサールの現象学にしたところで、結局は「思」の哲学のなかに幽閉されていると考えるだろう。趙は cogito ではなく cura(気遣い)に優位性を認めたハイデッガーの存在論、さらにはヴィトゲンシュタインの言語哲学を高く評価するが、その彼らですら、西洋の認識論の閉域から自由でなかったと断じる。[*12] 第一哲学の新たな方向性はあくまで、コギトからモナドへではなく、コギトからクレオへという旗印に集約されるのだ。

6　哲学の中国化

ここで、哲学に詳しい読者ならば、中国の趙汀陽を日本の廣松渉《ひろまつわたる》と比較したくなるのではないか。廣松は主観－客観図式に基づく科学的な認識論の行き詰まりを「四肢的構造」によって、実体主義（実体の第一次性の了解）の行き詰まりを「関係主義」（関係の第一次性の対自化）によって乗り越えようとして、この二つの企てを横断する思想体系を「事的世界観」と名づけた。彼の狙いは、自然科学と哲学をともに苦境に陥らせている近代のパラダイムを克服することにある。その実現のために、廣松は共同主観的＝間主体的な「交通」を中心化する哲学を築いた。[*13]

ともに「事的世界」をキーワードにしているとはいえ、論理的な精密さという点では、廣松のほうが趙よりも格段に上である。ただ、極度に抽象的な廣松哲学と違って、趙の哲学は中国の歴史的体験によって裏打ちされている。廣松のスコラ的な体系には「日本的なもの」はそのままの姿では入り込めない。逆に、趙は哲学の中国化を臆面もなく進める。彼にとって、哲学は中国文明の所産――関係主義的な「天下」や多元主義的な「旋渦」――に接ぎ木されたとき、はじめてその真正の姿を現すのである。だとしたら、中国の介添えなしに哲学が完成することもないだろう。

さらに、廣松の「事的世界観」の力点は西洋の認識論への内在的な批判にあった。しかし、そのような努力は趙の哲学には不要である。趙は認識論を「物的世界」のテーマとして隔離してしまい、第一哲学の照準をあくまで「事的世界」の行為論に定める。趙の哲学は世界を四つに分けることによって、「行」の創造する事的世界についての省察に――彼の言う「創世論としての存在論」に――没頭することができた。物的世界の認識ではなく、事的世界の創造のほうが、趙にとって遥かに重要な問題なのだ。

この点については、趙は廣松よりは戦前の京都学派に近い。西田幾多郎は『哲学の根本問題――行為の世界』(一九三三年)で、デカルト的な主知主義を批判して「私が考える故に私があるのでなく、私が行為するが故に私があるのである」と記した。あるいは西田哲学を模範とする三木清の『哲学入門』(一九四〇年)も、知識や意識よりも行為に優位性を認めた。「従来の主観・客観の概念は主として知識の立場において形作られている。〔…〕しかるに人間と環境との関係はもと行為の関係であり、行為の立場においては、働くものは単なる意識でなく身体を具えた人間である」「如何なる物であろうと、物を作るということが、行為の根本的概念である。人間のあらゆる行為は制作の意味をもっている」*14。

三木によれば、人間は知識によってではなく、行為＝制作によって環境と関わる。それは人間が「歴史的世界」の形成物であることを意味する。趙は京都学派に言及しないものの、西田や三木と似た主張をしているのは明らかである。彼らはそろって、近代ヨーロッパ哲学の主知主義を、歴史と密接に関わる「行為」の哲学によって乗り越えようとした。趙の工夫はそれを「事的世界」という廣松的なヴィジョンでくるみ直したうえで、第一哲学の再生という大掛かりな狙いに接合したことにある。

7 中国版の「近代の超克」

過去を振り返ってみると、これまで近代中国の哲学者は、西洋と比べて中国では認識論や知識論の伝統が弱く、したがって哲学と呼べるものをもっていないのではないかという疑問への対応を迫られてきた。「中国哲学は存在するのか」という根源的な問いに応答するには、哲学の標準的理解を変えなければならない。二〇世紀最大の儒家思想家である一九〇九年生まれの牟宗三《ぼうそうさん》は、まさにその難しい作業に取り組んだ。

中国の学術思想は西洋と合致するところが少ない以上、西洋哲学を標準として取捨を決めることはできない。もし論理学や知識論の観点から見れば、中国哲学はもともとこれらをもっていないか、少なくともきわめて貧弱だとは言えるだろう。もしこれをもって中国に哲学なしと断定するならば、それはあまりにも狭苦しい。

では、中国哲学の特質はどこにあるのか。牟のいささか独断的な見解によれば、西洋哲学が客観性を重んじるのに対して、中国哲学を構成する儒教、仏教、道教はいずれも「主体性」と「内在道徳性」を尊重しており、この点で西洋よりも優位に立っている。[*15] 牟はいわば弁護人の立場から、人生や倫理の問題を洞察してきた中国には、十分に「哲学」の名に値する思索があったと見なした。

共産党に支配された中国大陸を逃れた亡命知識人であった牟宗三や唐君毅《とうくんき》らは、香港や台湾のような辺境の地で《中国哲学》を回復しようとした。それは一八九〇年生まれのトルベツコイが亡命先の東欧で、ロシア革命を否定して《ユーラシア》を創造的に回復したことと似ている。ここには、無力な亡命者だからこそ、本来あるべき「中国」をいっそう熱烈に希求するという逆説がある。ただ、この企てを成就させるために、牟は何よりもまず哲学＝知識論という等号を壊さねばならなかった。

それに対して、趙にとっては、認識論や知識論は初めから、ヨーロッパのローカルな「思」の哲学として片づけられるものにすぎない。さらに、牟が追求した「主体性」のテーマも、趙の哲学の議事日程にはのぼってこない。趙の関心はあくまで政治神学や第一哲学の再生に、さらにヨーロッパのリベラリズムや個人主義への批判にある。哲学の根本問題を政治や行為に移し、議論のフレームワークを中国思想に有利なように変更してしまえば、中国人はもはや西洋哲学に対していかなる劣等感も抱く必要がなくなるだろうし、「中国哲学は存在するか」という面倒な悩みからも解放されるだろう。これはまさに、戦前の京都学派が「近代の超克」の名のもとにやろうとしたことを髣髴とさせる。

8　近代をハイジャックする法螺話

ポストモダンな右翼思想家であるドゥーギンがメディア上での活動にも意欲的であるのに対して、趙汀陽は政治的なアクティヴィストではなく、静謐な印象を与える。ただ、趙の自信に満ちた主張にしても、哲学としてブランディングされた大言壮語という一面は拭い難くある。

彼の唱える「天下システム」や「神性概念としての中国」は、幻惑的な魅力を備えたアイディアであるとともに、まるで党の御用学者の法螺話のようにも聞こえる——ちょうどドゥーギンのネオユーラシア主義や京都学派の唱えた「近代の超克」論がそうであるように。

だが、そもそも哲学と法螺話を厳密に区別することはできるだろうか。例えば、韓国生まれのドイツの思想家ビュンチュル・ハンは、ドゥルーズを参照しながら、新たな idiom（語彙）を創出した哲学者は idiosyncratic（特異）な idiot（愚か者）だと述べている。[*16] もし近代哲学がデカルトというイディオット——すべてを疑いながら、考えることを考えるという奇矯な企てに乗り出した旅人——の生んだ地平にあるのだとしたら、それ以降、哲学者がまともであったためしはなかったと言わねばならない。

してみると、ロシアや中国のネオコンサーヴァティヴな思想家たちは、大風呂敷を臆面もなく広げている点で、ヨーロッパに対して優位に立つだろうか。だが、彼らのアンチリベラルな思想が、哲学に大転換をもたらすほどに「愚か」であるかは疑わしい。彼らを勢いづかせているのは、あくまで西側のリベラリズムや民主主義への敵愾心である。彼らは裏返しの形で、近代ヨーロッパの思想的なレトリックに深く依存している。彼らの言説は西洋近代の価値基準を虚偽として告発する、その派手なポーズによって耳目を集めたのである。

繰り返せば、このような近代のハイジャックは政治的現況と切り離せない。二〇世紀においてロシアの近代化、中国の近代化、イスラムの近代化が進められたのに対して、このプログラムは二一世紀に入って逆転し、近代のロシア化、近代の中国化、近代のイスラム化というルートが敷設されつつある。ただ、だからといって、ロシアや中国やイスラムの伝統のすべてが回復されるわけではないし、西洋近代の生んだもの（特に資本主義）がすべて捨てられたわけでもない。過去は法螺貝が鳴り響くなかで再編成される。つまり、不都合な歴史は切り捨てられ、西洋を攻撃するのに都合のよい物語や思想が選択されるのである。

＊1　象徴的な例を挙げれば、ジョージ・W・ブッシュやオバマがアフリカでのエイズのアウトブレイク対策を支援したのに対して、トランプはコロナウイルスの流行に際して、他国とりわけラテンアメリカに冷淡であった。その結果、アメリカ・ファーストが「ラテンアメリカ・アローン」を招く一方、中国はむしろ積極的な支援によってラテンアメリカでの存在感を増している。https://foreignpolicy.com/2020/05/07/coronavirus-latin-america-trump/

＊2　Ivan Krastev & Stephen Holmes, *The Light that Failed: A Reckoning*, *Allen Lane*, *2019*.

＊3　吉迪恩・拉赫曼（Gideon Rachman）『東方化』（洪世民訳、時報文化、二〇一七年）二三四頁。

＊4　以下の記述は、チャールズ・クローヴァー『ユーラシアニズム』（越智道雄訳、NHK出版、二〇一六年）に基づく（七八、八六、九二、九五、一一〇、二九一頁）。なお、トルベツコイやサヴィツキーの著作は一九二〇年代半ば以降に日本でも翻訳・紹介され、地政学やアジア主義とも交差した。詳しくは、浜由樹子『ユーラシア主義とは何か』（成文社、二〇一〇年）二三六頁以下参照。

＊5　なお、一八八〇年生まれのブロークを中国に紹介したのが、一八八一年生まれの魯迅である。魯迅自身も「金の時代」の長編作家であるドストエフスキーやトルストイよりも、それ以前の喜劇的なゴーゴリ、およびそれ以後の「銀の時代」の象徴主義的なアンドレーエフやブロークに近い小品を多く残した。魯迅が中国文学の偉大な父であるだけでなく「東方的」（中沢新一）なマイナー作家としての一面ももつことは、いずれ別の機会に述べたい。

＊6　クローヴァー前掲書、三八四頁。

＊7　Marlene Laruelle, "The Paradoxical Legacy of Eurasianism in Contemporary Eurasia", in Mark Bassin et al. (eds.), *Between Europe & Asia: The Origins, Theories, and Legacies of Russian Eurasianism*, University of Pittsburgh Press, 2015, p.187.

＊8　*ibid.*, p.193.

＊9　以上、趙汀陽『惠此中國——作為一個神性概念的中国』（中信出版集団、二〇一六年）一

三、一五、三〇、三三、四八、五〇、六八、七八頁。一九三〇年代の日本にも、渦巻をモデルに人間社会を語った気象学者の藤原咲平がいたことを思い出しておきたい。

*10 カール・シュミット『政治神学』（田中浩他訳、未来社、一九七一年）二〇頁。

*11 以上、フッサール『デカルト的省察』（浜渦辰二訳、岩波文庫、二〇〇一年）一八、二二、七七、一六九頁。

*12 以上、趙汀陽『第一哲学的支点』（生活・読書・新知三聯書店、二〇一七年）二、一〇一、一〇六、二〇四、二一〇、二一五、二二一、二二三、二二九頁。ちなみに、趙がハイデッガーの言う Dasein（現存在）を「達《ダー》在《ザイ》」と訳したのは、本人も自負するように秀逸である。

*13 廣松渉『事的世界観への前哨』（ちくま学芸文庫、二〇〇七年）一〇、七五頁。もっとも、私のような素人には、廣松渉＋吉田宏晢『仏教と事的世界観』（朝日出版社、一九七九年）のような異種格闘技ふうの対話のほうが、それこそ「交通」を感じさせて面白い。

*14 西田幾多郎『哲学の根本問題——行為の世界』（岩波書店、二〇〇五年）二〇三頁。三木清『哲学入門』（岩波新書、一九四〇年）九—一〇、六六頁。ただし、西田が「我々を限定し尽すもの、否我々の底から我々を限定するものが、真の実在と考えることができる」と述べたのは重要である（三頁）。このような「限定」を抜きにして、facio を creo と直結させる趙は、京都学派をより単純化して反復している。

*15 牟宗三『中国哲学的特質』（台湾学生書局、一九六三年）四頁以下。牟については次章で改めて取り上げる。

*16 Byung-Chul Han, *Psychopolitics: Neoliberalism and New Technologies of Power*, Verso, 2017, p.81.

第五章　天にアクセスする心

1　中国天朝主義の台頭

東アジアの政治思想史において、最も重要な概念の一つは「天」である。それが今も現役であることは、『天下体系』をはじめとする趙汀陽の著作からもうかがえるだろう。趙は「天」をリソースとしながら、西洋の個人主義や民主主義を超克する政治神学や歴史哲学を構想したのである。

趙の著作を一つのきっかけとして、二一世紀の中国の思想界では「天下」のテーマを内包した著作や論文が（批判的なものも含めて）次々に刊行された。汪暉《おうき》、蔣慶、甘陽、葛兆光《かつちょうこう》、強世功《きょうせいこう》、張維為《ちょういい》、康暁光《こうぎょうこう》、白永瑞《はくえいずい》、劉小楓《りゅうしょうふう》、ダニエル・A・ベル（貝淡寧）らがその主要な論客と目される。この古い概念の流行からは、現代中国が大国にふさわしい世界像や意識形態《イデオロギー》を手に入れようとする、その野心が透けて見える。「天下」は学術的な問題にとどまらず、中国大陸の知識人のアイデンティティに深く関わる一大テーマになった。

今の天下論はユーラシアに広がる一帯一路のスローガンと呼応するように「普遍的な道徳秩序」および「超国家性」を強調するケースが多い。つまり、国家や民族の境界を超えて、道徳的に優れたエリートの主宰する政治（ベルの言う「賢能政治」）を広域にわたっておこなうという儒教的な理念が、天下という意識をいっそう強固にしている。政治学者の張維為の唱えた「文明型国家」（civilizational state）にも、そのような考え方が反映されている。

ただし、このような主張はときに中国共産党のプロパガンダと見分けがたい。例えば、法学者の強世功は、社会主義と資本主義を共存させる「一国両制」（一国二制度）に画期的な意味を与えた。強の考えでは、一国両制の「一国」とは現代国家ではなく、むしろ伝統中国の包摂的な天下（文明型国家）と一致するため、大陸と香港の二つの制度も緊張関係ではなく、互恵的な関係へと到ることができる。逆に「差異」にアクセントを置く西洋の政治思想は、このような和解の文明を構築できない……。[*1]だが、二〇二〇年六月三〇日に成立した香港国家安全法によって、実質的な「一国一制」を強いられた香港を見れば、これが詭弁であるのは明らかである。

香港育ちの作家である陳冠中《ちんかんちゅう》は、強世功のような考え方を「中国天朝主義」と呼んで批判している。陳によれば、強をはじめ天朝主義者たちは、古代の周王朝の封建制および近世の清の大帝国を「天朝」のモデルとしながら、西洋の国民国家や立憲主義を排撃する。にもかかわらず、彼らは西洋の主権国家の概念だけは決して手放さず、むしろ主権の一極集中こそを主張するという矛盾を犯していた。彼らのイメージする中国は聖なる帝国であり、かつ何ものにも侵されない強力な主権を備えている。

この点で、陳冠中が言うように、天朝主義は主権概念を神学化したカール・シュミットの法学に近い。興味深いことに、強世功は毛沢東の熱烈な崇拝者である一方「共産党理論の核心的な要素は階級ではなく、民族でもなく、「国家」と「天下」という概念である」と言って憚らず、アンチリベラルの立場から「友」と「敵」を峻別するシュミットの政治概念を評価した。[*2] 強の考えでは、階級闘争というマルクス主義の物語は、もはや党＝国家の中心教義ではないので、国家の理念は天朝の伝統に即して改めて縁どられなければならない。それゆえ、強は、儒者が理想化してきた周の封建制を讃えるアナクロニズムも辞さないのである。

現状を顧みても、中国では今やシュミット的な友敵の政治学がマルクス＝レーニン主義を押しのけている。ウイグルやチベットや香港に対する政治的抑圧、さらには南シナ海での強硬な領有権主張も含めて、中国は主権の及ぶ範囲を拡大しようとする一方、天朝（党＝国家）を脅かすものには容赦ない攻撃を浴びせてきた。優しげな文明型国家を装いながら、敵の殲滅というシュミット流の非情なプログラムを推し進めること——、この儒教＋シュミット法学という異常な合成物は、中国のイデオロギーの変幻自在ぶりを物語っている。

2 「消失する媒介者」としての天

もっとも、過去を振り返ると、天ないし天下の概念を利用したのは趙汀陽や強世功のような反西洋主義者だけでなかったことが分かる。というのも、ヨーロッパの人民主権を天下論（天道論）の枠組みのもとで受容するケースもあったからである。

そのことは特に、日本の政治思想を考えるのに重要である。例えば、丸山眞男は幕末維新期に民権論者たちの唱えた議会主義のスローガン――「公議輿論」や「万機公論」――が、いかに「天」の伝統に深く根ざしていたかを示した。丸山によれば、超越的な原理である天は、地上の政府によって私有されるものではなく、むしろ政府を制約するものとして理解された。

政治権力の人民に対する謀叛という発想もまた〔…〕天または天道の観念に依拠していた。国会開設の要求が、維新の指導理念の一つであった公議輿論思想から系譜をひいており、「万機公論」自体が天道観との密接な関連において誕生した以上、それは当然のことであり、むしろ民権論者は維新の「約束」の実現という形でその要求をつきつけたわけである。

当時の民権論者はルソー、J・S・ミル、ハーバート・スペンサーらの自由主義を「天」を媒介として受容しつつ「政府は人民の天に非ざるなり。人民は正理をもって天と為すべきなり」という考えに到った。「天下を公と為す」という民権派の発想のもとでは、人民の福利を気ままに毀損する悪辣な政府こそが、天下（天）への反逆者と見なされる。政府にではなく、政府の上位者である天＝公にこそ「忠誠」を尽くすこと――、そのような構えによって、民権派は為政者への人格的崇拝や「皇祖皇宗という血統の連続性」への帰依を拒んだのである。[*3]

日本の議会主義や民主主義の歴史において、超越的な天はフレドリック・ジェイムソンの言う消失する媒介者（vanishing mediator）として機能したように思える。なぜなら、天という概念は、幕末維新期の言論空間にヨーロッパ的な民主主義を導き入れる通路になった後、自らの存在を希薄化し、やがてひとびとの意識の外に去ったからである。現に、このような媒介があったことを、日本人はすでに忘却して久しい。逆に、二一世紀の中国の天朝主義者は、天や天下を自覚的に、西洋の民主主義への対抗概念に仕立てている。東アジアにおける「天」は、自由民権思想を推し進めるのにも薙《な》ぎ払うのにも使用可能な、一種のオープンソース・ソフトウェアなのである。

このように、西洋の政治思想を批判するにせよ受容するにせよ、東アジアの思想家たちは天という媒介者を必要としてきた。幕末の日本やユーラシアに進出する現代中国のように、それまでの国家像からの大規模な脱皮が企てられるとき、誰の所有物でもないコモンズ＝天は、その推移を制御するシフター（変速機）となった。さらに、後述するように、天の概念はそれを把握する主体についての議論も活発にした。われわれはその総体を、東アジアのエピステーメー（知識の枠組み）として理解することができるだろう。

では、このエピステーメーの中核にある天は、いかにしてその思想的な力を獲得したのか。それに完全な答えを与えるのは難しいが、ひとまず、天という概念がどこから来たのか、そして人間は天にいかにアクセスし得ると考えられたのかという問いから始めたい。

3　起源とアクセス

天は中国思想の鍵概念であるにもかかわらず、その起源については諸説ある。一つの有力な説明によれば、天の発明は古代の周王朝に帰せられる。それ以前の殷の政治が至上神である「帝」を崇拝したのに対して、周の政治はよりインパーソナルな「天」を信仰した。気まぐれな「帝」の意を知るには、呪術（亀卜《きぼく》）が必要であったのに対して、「天」は人間の側の努力を許すように、より合理化された客観的基準を備えていた。つまり、超越者の性格が殷と周のあいだで大きく変わったのである。

ここで重要なのは、天意の基準が「民」の幸福に求められたことである。特に、孟子は天意＝民意にもとづく政治を理想として、民の福利を脅かす政権を打倒する易姓革命を正当化した。先述した日本の民権論も、まさにこのような民本主義的な「天」の伝統に沿ったものである。天の発明は、その後の東アジアの政治的な概念を深く規定した。したがって、殷から周への交代はたんなる支配者の変更ではなく、東アジアの政治思想史における最初の精神革命と呼ぶにふさわしい（なお、天道論の起源をむしろ殷に求める説もあるが、今は詳しく触れない）。[*4]

さて、近年の中国の思想界で改めて問題になっているのは、この超越的な「天」に「人」はどうやってアクセスすればよいのか、天命を受諾する権利はいかにして確立されたのかという、天人関係をめぐる問いである。とりわけ、一九三〇年生まれの優れた思想史家である余英《よえい》時《じ》は、これらの問いに熱心に取り組んできた。

余の考えでは、天へのアクセス権を当初保持したのは、人格的に言えば「巫」（シャーマン）であり、制度的に言えば祭祀から発展した「礼楽」であった。周の初期においては「天」に「人」がアクセスしようとするとき、巫のもつ知識や技術が役立てられた。巫は智、聖、明、聡を備えたエリートであったばかりか、中国の祭祀＝礼のデザイナーであった。余によれば「「巫」は「鬼神に事《つか》える」独特の法力をもつのみならず、同時に祭祀の礼の設計者にして執行者でもあった」。祭祀をデザインし、天と人をつなぐ巫は、まつり（ごと）の運営に不可欠の知識人であった。

しかし、やがて礼の制度が整えられるにつれて「巫」の文化は後景化されていく。なかでも、孔子をはじめとする諸子百家の台頭は、それまでの巫の仕事が哲学的な思惟によって取って代わられる転換点を示していた。新しい思想家たちは、天にアクセスする能力を、シャーマニズムではなく内的な精神状態に求めた。余英時はまさにこの特別な心の発見にこそ、中国古代思想の起源を認めたのである。[*5]

4　内向超越と枢軸時代

巫から心へ。あるいは外的な儀式から内的な精神へ。この革命的変化を生み出した概念が、孔子における「仁」であり、天の概念を代理するようになった「道」である。余によれば、これらの画期性は、巫から「天人合一」の技術を奪取して「心」に移植したところにある。

中国の枢軸時代において、ブレイクスルーの直接の対象となったのは、「天命」と「礼」を壟断していた巫文化であった。孔子は「天命」と「礼」という二つの大きな観念を、ともに個人の「心」のなかに収めてしまって、巫文化の考え方を新しい理解に置き換えた。彼の狙いは十分に明らかである。

「礼楽」は必ず「仁」をその精神の核心とせねばならない。これが孔子の思想の一大綱領であり、後の儒学の発展にも深い影響を及ぼした。

孔子は決して礼楽を手放さなかったが、それはあくまで内なる「仁」によって裏打ちされていなければならない。祭祀よりも心のほうがいっそう本質的だとされたとき、それまでの巫文化の優位は決定的に崩されたのである。

面白いことに、余はこの精神革命を論じるにあたり、かつてカール・ヤスパースが『歴史の起源と目標』で唱えた「枢軸時代」(Axial Age) のテーマを再考した。ヤスパースは紀元前五〇〇年を中心とする前後一世紀ほどのあいだに、中国の諸子百家、ギリシアのソクラテスやプラトン、インドの仏教やウパニシャッド哲学等が相次いで現れたことに注目し、この同時並行的な人類の精神的目覚めについて究明しようとした。

ヤスパースにとって、この時代を特徴づけるのは超越の発明である。余が言うように「枢軸時代のいちばん顕著な特徴は、超越世界の出現である。それは現実世界と鮮明な対比をなしている。ヤスパースはその歴史理論において「超越」という観念に中心的な位置を与えた」。しかも、この「超越」のあり方は文明によってそれぞれに異なっている。余は枢軸時代に生じた思想のブレイクスルーの前史に注目することで、その差異を解き明かそうとした。

> 超越の適切な様式、経験内容、歴史的プロセスについては、各文明のあいだには違いがある。というのも、それぞれの文明の超越はそれぞれに特有の「前突破」(pre-breakthrough) の基礎の上に発生するからである。

つまり、もともとブレイクスルーの起こる基礎が文明ごとに違っていたため、超越世界の描き方も多元化したというのである。中国の場合、その「前突破の基礎」は礼楽にある。余によれば、そのためにギリシアと比べて、枢軸時代の中国のブレイクスルーは急進的ではなく保守的なものとなった。なぜなら、礼楽は秩序の側に立つものだからである。現に、孔子は思想の変革者だが、ソクラテスのように死刑宣告を受けたわけではなかった。

では、巫と礼楽を前史とする「仁」の発明は、いったいどのようなタイプの超越として言い表せるのか。余はそれを説明するのに「外向超越」と「内向超越」という二つのタイプを想定した。例えば、プラトンのイデア論は外向超越の典型である。なぜなら、イデアは人間にとって外在的なもの、つまり客観的な——ただし非物質的なので場をもたない——実在なのだから。それに対して、巫と礼楽を内面化した中国古代思想は、内向超越のモデルを確立した。そこでは、修養を経た「心」が超越世界への手引きとして現れてくる。

「天人合一」が集団本位から個人本位へと変化するプロセスのなかで、枢軸時代の思想家は「心」を「巫」に取って代わらせ、超越世界（道）と現実世界（人倫日用）のあいだの媒介とした。

孔子の創建した「仁礼一体」の新説、つまり内向超越は、中国思想史上の破天荒なおこないであった。彼は価値の源である超越世界を、外在的な「天」から内心へと移すことに、はじめて高度な成功を収めたのである。[*6]

余の考えでは、祭祀（礼楽）を内面化する孔子の「破天荒」な発明によって、超越世界（天）と現実世界（人間）は「不即不離」の関係に入った。プラトンが超越世界（イデア）と現実世界（人間）を引き離し、あくまでリモートの状態にとどめたのに対して、中国古代思想は特別な心（仁）を媒介とすることによって、二つの世界を近接させたのである。

5　天を知る者

このように、余英時は天にアクセスする心の発明こそが、中国思想の核心だと見なした。もっとも、この種の見解は余に固有のものではなく、共産化した中国を逃れて、二〇世紀半ばに香港や台湾で《中国哲学》を再創造しようとした新儒家——特に二〇世紀初頭に生まれた牟宗三、徐復観《じょふくかん》、唐君毅らを指し、余英時はその次世代にあたる——によって先取りされている。ここでは牟宗三の仕事を取り上げてみよう。

牟は『中国哲学十九講』において、やはり孔子の「仁」の発明に画期性を認めている。周の礼楽が形式主義化し、煩瑣になっていたところに、孔子は仁の概念によってそこに「生命」を吹き込んだ。牟はその例証として、『論語』の「人にして仁ならずんば、礼を如何せん。人にして仁ならずんば、楽を如何せん」（八佾《はちいつ》）、つまり仁なしには礼楽も成り立たないという言葉を挙げている。

孔子の出現は、中国哲学に固有の問題意識を与えることになった。例えば、古代ギリシアの哲学的対象は自然であり、この自然哲学をベースにしてオントロジー（存在論）や形而上学を追究する理論的な哲学者たちが育った。しかし、中国の哲学的対象は道徳であり、そこでは理論よりも実践を重んじる態度が優勢になる。牟はそこにカントの「実践理性」と等しいものを認めていた。

中国人はそれ「アリストテレスのような理論的な形而上学」と違って、まず徳を重んじる。徳性という観念がまず現れ、群衆からリーダーが生み出された。これはカントの言葉を用いれば、実践理性が theoretical reason に対して優越するということである。[*7]

後の孟子も孔子の見解に沿いながら、仁、智、誠という三つの至高の徳を備えた主体のモデルを構想する。牟の考えでは、孟子が孔子を継いだことによって、中国の学術思想の核心には道徳的な主体性を追究するプログラムが書き込まれた。牟の『中国哲学の特質』では次のように述べられている。

> 中国儒家の正宗が孔孟になったがゆえに、中国思想の伝統の中心は主体性の重視に置かれるようになり、中国学術思想はおおよそ「心性の学」と呼ばれるようになった。この「心」は「道徳的主体性」（Moral subjectivity）を代表する。
>
> 儒家思想の主観性原則は、仁、智、誠によって立論されたものである。キリスト教の主観性原則は、Universal Love（博愛）から立論されたものである。〔…〕博愛は神から来たものだが、孔子の仁は自らの生命から来たものである。

中国では自然哲学や自然科学が弱体であった代わりに、道徳哲学（心性の学）および道徳的主体が独自の進化を遂げた。そして、孔子から孟子へとリレーされた儒家思想は、キリスト教的な神のバックアップなしに、内なる生命の力に根ざした主体性（主観性）の原則を確立した——このような牟のストーリーは、後に余英時が唱える「内向超越」のテーマとも響きあっている。牟と余はともに、超越性を外界ではなく「心」に認めるモデル、つまり超越＝内在のモデルを基礎として《中国哲学》の起源を考えたのである。

では、この中国の道徳的主体はなぜ天にアクセスできるのだろうか。ここで重要なのは、牟が「仁」のほかに、道徳的主体（心）と天とをつなぐ二つの能力に注目したことである。

第一に、天にアクセスするには特別な知が必要である。孔子でさえも「天を知る」には多くの時間を要した。牟によれば「天を知るのは当然容易ではない。ゆえに、孔子の生命は仁の実践を経て、五〇歳になってようやく「天命を知る」と述べた」。この「践仁知天」は西洋の経験知識や科学知識とは異なる、別のエピステーメーを開くものとして理解される。

このような〔科学的な〕タイプの知は豊富になるほど、人間はますますうぬぼれ、超越者への敬畏がなくなっていく。しかし〔孔子の〕知天の知は、必然的に敬畏の意識を引き起こす。敬畏とは宗教意識である。

しかも、繰り返せば、「知」のアクセスする「天」はやがて内在的な契機をもつようになり、心や生命と重なっていく。牟は大胆にも以下の等式を示す。「天命・天道（詩経・書経等の古籍）＝仁（論語）＝誠（中庸）＝創造性自己（Creativity itself）＝創造原理（Principle of Creativity）＝生化原理（創造原理の旧名）」。こうして、牟の中国哲学史においては、天は内なる仁や誠と、さらには世界創造の力と同一視されるのである。

　第二に、この超越＝内在のテーマとも関わるが、天と人は特別な感情によって媒介される。牟は徐復観やキルケゴールを参照しながら、道徳を生み出す「憂患感情」と宗教を生み出す「恐怖感情」を区別した。牟の考えでは、中国の道徳的主体はこのうち前者の感情に根ざすものである。「中国哲学が道徳性を重んじるのは憂患意識から来ている」。

　牟は『孟子』から「憂患に生き、安楽に死す」（告子・下）という言葉を引きながら、憂患感情を備えた心に天命や天道が徐々に浸透していくというヴィジョンを強調した。彼にとって、憂患感情は決してネガティヴなものではなく、むしろ心と天のコミュニケーションの場を生み出すものであった。牟によれば、キリスト教の神と人間との距離はきわめて遠い。逆に中国の儒学では、天はいわば人間の憂患感情に自らをコピーし、やがて天人合一の状態に到る[*8]。牟自身はそういう言い方をしていないが、天はいわばファクシミリのように、自らの複写を、「心」に徐々に伝送していくのである。

このように、牟宗三は西洋との比較を交えながら、中国哲学のエピステーメーに照明を当てようとした。知天の「知」や憂患感情は、天命を受信するアンテナのようなものである。「天」（超越的なもの）と「心」（内在的なもの）が古代思想において深く共鳴するようになる、その起伏に富んだプロセスを分析することは、牟にとって《中国哲学》の本質を見極める作業となった。

そもそも、牟は中国思想のハードコアを唯心論として定めた哲学者である。儒教・仏教・道教の育んできた諸概念——孟子の「良知良能」や「四端の心」、王陽明の「良知」、如来蔵思想の「自性清浄心」、唯識の「阿頼耶識」等——はいずれも、プラトンのような外部のイデアにではなく、特異な「心」に根ざしている。これらの教説は、超越＝内在モデルをそれぞれの思想的脈絡のなかで鍛えてきた。そのおかげで、牟によれば、中国だけが「徹底的な唯心論」を生み出せたのである。

この唯心論のもつ意義は、カントと照らしあわせることでいっそう鮮明になるだろう。牟はカントの道徳論を高く評価する一方、カントの認識論には修正を加えようとする。カントはフェノメノン（現象）とヌーメノン（物自体／叡智的存在）、つまり感覚や認識で捉えられるものと感覚や認識を超えたものを区別した。牟はそれを踏まえて、次のように記す。

> 西洋哲学の語る知識、つまりフェノメノンの方面に属するものについては、中国哲学は明らかに不十分である。それに対して、ヌーメノンの方面については、中国の哲学的伝統は

すべての精神をそこに集中させた。

牟の考えでは、フェノメノンにアクセスする知とヌーメノンにアクセスする知は、道家で言えば「成心」と「道心」に、仏教で言えば「識」と「智」に、『大乗起信論』の用語では「生滅門」と「真如門」に、さらに彼自身の言い方では「感性之直覚」(sensible intuition)と「智的直覚」(intellectual intuition)にそれぞれ対応する。中国思想の本領はこのうち後者において発揮されたため、前者の「現象」を問うタイプの知、特に科学的知は育たなかったものの「物自体」にアクセスする叡智は豊富に蓄えられてきた。[*9] 牟からすると、カントはヌーメノンを把握することに対してあまりにも消極的であり、それが西洋哲学の大きな限界となっている。

カントと牟の違いについて、私なりにポイントを述べてみよう。カントにとって、道徳的主体は人間とは限らない。カントの『道徳形而上学原論』では「道徳的法則は理性的存在者一般に例外なく妥当すべきであるとする建前」のもとで「道徳哲学を人間学から独立させ、これを純粋哲学すなわち形而上学として、余すところなく論述する」ことが企てられていた。[*10] カントの考えでは、人間はせいぜい理性的存在者の一角を占めるだけだから、道徳哲学は人間とは独立した純粋哲学として構想されなければならない。

この道徳律の超人間性は、カント哲学に大きなひずみを与える。ラカン派のアレンカ・ジュパンチッチはカントと精神分析を結びつけながら、カントの道徳律の考え方には二面性――「非情なカント」と「心温まるカント」――があったと指摘している。非情なカントは、人間に問答無用の遵守を要求する道徳律を語る。これは一切の「人間的な衝動」を吹き飛ばし、人間を服属させる強制力をもつ。逆に、心温まるカントは道徳律を良心の声と、さらに「尊敬」と結びつける。[*11] 前者においては、道徳はいわば冷厳なプログラムとして作動し、後者においては、道徳は人間の高貴な心と並存することができる。

道徳律は人間とはまったく別次元からやってきたサディスト的なプログラムなのか、それとも人間の最高度の感情——良心や尊敬——にインプリントされているものなのか。そのいずれが正しいかを確定することはできない。カントの道徳的主体は、人間の感情といわば半分しか重なっていない。そのため、道徳と人間のあいだには常に危険な亀裂やひび割れがある。

逆に、牟宗三の道徳的主体にはこのようなひび割れはない。カントにとって理性的存在者は人間に限らないが、牟にとって天にアクセスできるのは人間だけである——というより、人間の高貴な憂患感情のもとに、天は進んでアクセスし、自らを複写してくるのだ。牟の哲学において、天（道徳的存在）と人間の心のあいだには特別な回路ができあがっている。

ただ、この大きな差異にもかかわらず、カントと牟はともに「主体」の哲学者であった点では共通する。牟はヨーロッパの近代哲学の中心的なイシューであった主体を改鋳しながら、道徳哲学としての《中国哲学》を体系化した。そのことは、中国哲学史に対する彼の評価軸も規定している。

興味深いことに、牟は、主体よりも宇宙論を優越させた董仲舒を批判した。漢の武帝に仕えて、儒教の国教化のレールを敷いた紀元前二世紀最大の思想家である董は「天人感応」という神秘主義的な教説を唱えた。董によれば、宇宙は「陰陽」の構成物であり、人の世が乱れると天もそれに感応して災害が引き起こされる。だが、牟に言わせれば、この董の思想は宇宙論（コスモロジー）を根源的なものと見なすため、道徳的主体には固有の位置を与えられない。牟にとって、それは孔子と孟子の築いた儒教の正しい主体化の道を歪めるものである。[*12]

7　主体から政治へ

もっとも、牟宗三の主体の哲学は二一世紀に入って大きな試練を迎えている。ここ十年ほどの中国思想界では、むしろ漢の董仲舒が清末の康有為とともに再評価されるようになった。[*13]それは世界主義的な公羊学のリバイバルとつながっている（第三章参照）。董仲舒と康有為はともに、公羊学の歴史のなかに屹立する巨匠であった。

現代中国の天朝主義においては、公羊学の復権に伴ってコスモロジカルな政治哲学が強調され、主体や心についての問いはせいぜい副次的な意味しか与えられなくなった。例えば、趙汀陽にとって「天」は自然神学的な「道」であり、人間はそれに服属するだけである。

天道とは自然の道であり、自然神学あるいは形而上学的な概念である。天道は証明される必要がない。というのも、天道はすでにあらゆる事物の存在方式のなかに十分はっきり示されているからである。[*14]

趙は「配天」（天＝自然に沿うこと）と「逆天」（天＝自然に背くこと）を対比するが、天にアクセスする精神状態や能力については問わない。つまり、心の問題は棚上げにされ、コスミックな天下の原理があらゆる存在を包摂するのである。

これと似たような考え方は、第三章で紹介した蔣慶の政治儒学にも認められる。公羊学を復権させた蔣は、儒教の系統を二つに分けた。一つは修身と治心を重んじる「心性儒学」である。こちらは近世の朱子や王陽明において大きく飛躍し、二〇世紀の新儒家（牟宗三や唐君毅ら）へと続く。もう一つは制度建設と治世を重んじる「政治儒学」である。こちらは孔子に始まり、荀子、董仲舒、何休《かきゅう》を経て、康有為に到る。蔣は前者よりも後者をより古く根源的なものと見なすことによって、いわば儒教の政治的転回を企てた。

蔣慶の考えでは、心性儒学のグループは特に二〇世紀に入って、儒教本来の政治性を失い、極端な個人化、形而上学化、内在化、超越化へと傾いてしまった。これでは「中国式の政治制度」の構想には役立たない。すでに康有為は「朱子は制度について語ることが少なかった」と批判していたが、蔣もそこに心性儒学の最大の弱点を認める。逆に、政治儒学の起点にある公羊学は、心の問題ばかりにこだわる心性儒学の限界を超えて、より客観的な世界にアクセス可能なものと見なされる。

公羊学の思考様式は心性儒学と異なる。心性儒学の思考様式は生命を起点として、内から外へ向かうリニアなものであり、体用関係を強調する。公羊学の思考様式は世界を中心として、世界から世界の構造に向かうものであり、世界の事物のあいだの構造と相互関係を強調する。[*15]

こうして、二一世紀の政治儒学は、二〇世紀の心性儒学から覇権を奪うために、主体（生命や心）をめぐる問いを格下げする。蔣慶の狙いは、この儒教史の書き換えによって、牟宗三をその非政治性ゆえに排撃し、儒教と政治のつながりを回復することにある。先述した強世功もまさに蔣と同じレトリックを使いながら、香港の牟宗三らが「儒学の政治性」を粗末にしたせいで、イギリス政府の植民地教育にあえなく屈服したと糾弾していた。[*16]

もともと、儒教は倫理と政治を両輪としてきた思想である。孔子の言行録である『論語』には、個人の生き方についてのレッスンと、国家はどうあるべきかについての考察が混在している。しかし、政治儒学はもはや私的な倫理の追究だけでは飽き足らず、政治へのコミットメントを学問の使命とした。それはあからさまな国粋主義や純血主義も伴っていた。蔣慶によれば、カントの影響を受けた牟宗三やヘーゲルの影響を受けた唐君毅は、ドイツ観念論に毒されて「自分で作り出した思想の王国」でのみ生きた、現実離れした空想家にすぎない。[*17]

蔣の言い分は半ば当たっているが、しかし牟宗三の築いたハイブリッドな「思想の王国」——それは同じくドイツ観念論を吸収した戦前の京都学派の哲学を髣髴とさせる——を無価値と断じることはできるだろうか。牟や余英時は、西洋哲学との対峙のなかで《中国哲学》を再創造した。だからこそ、余であれば枢軸時代における超越のタイプの比較が、牟であれば西洋哲学と中国哲学のあいだの主体や知の差異が、それぞれ大きな問題になったのである。私にはこの思想の歩みは（全面的に同意できるかは別にして）切実さを伴ったものと思える。

逆に、趙汀陽、強世功、蔣慶らは、中国思想のオリジナリティや絶対的優位性を堂々と主張する。彼らにとって、天や天下は主体（心）も国家も含めてすべてのものを包摂し、いかなる欠陥ももたない完全無欠のコスモロジカルなシステムである。この超越的かつ普遍的な天は、国民国家の限界を超えた文明型国家としての《中国》とのみ一致する。超越を問う思考が主体の問題を押しのけ、中国を絶対化する政治思想へと傾いていく――、それが天朝主義の一つの帰結なのである。

＊1　以上の記述は、この十数年の天下論を網羅的にまとめた梁治平の論文「想像「天下」」『思想』（第三六号、聯経出版、二〇一八年）を参考にした。なお、強世功は最近、中国共産党の機関紙『人民日報』で、香港国家安全法を一国両制という「法律の建てたビル」の礎石と見なし、その施行に「中国政治の智慧」を認めた（二〇二〇年七月五日付）。「天下」の表向きの寛容性によって党＝国家の暴力や抑圧をなかったことにする欺瞞的なレトリックが、ここに示されている。

＊2　陳冠中「中国天朝主義与香港」『烏托邦、悪托邦、異托邦』（麦田出版、二〇一八年）。陳自身は「中盟」（中華連盟）という一つの新たな憲政体のもとで、中華人民共和国と中華民国（台湾）が互いの存在と領土主権を認めあい、香港やマカオの一国両制も保証するというモデル、つまり「一中多制」を提唱している。

＊3　以上、丸山眞男『忠誠と反逆』（ちくま学芸文庫、一九九八年）三六、六七—六八頁。

＊4　以上、平石直昭『一語の辞典　天』（三省堂、一九九六年）二三、二八頁以下。天道論の系譜については、傅佩榮『儒道天論發微』（聯経出版、二〇一〇年）の記述が充実している。

＊5　以上、余英時『論天人之際』（聯経出版、二〇一四年）二九、三一頁。

＊6　以上、同右、五七、六〇、八七、九八、二二八、二二九頁。興味深いことに、古代インドにも「内向超越」に相当する思想があった。山下博司は『ヨーガの思想』（講談社、二〇〇九年）で、バラモン教のもともとの煩雑な儀式に代わって、ヨーガのような内的修養が優位になったことを「祭祀の内部化」と評している（六五頁以下）。これは余英時の議論とも重なりあう。

＊7　牟宗三『中国哲学十九講』（台湾学生書局、一九八三年）一五、六一頁。

＊8　以上、牟宗三『中国哲学的特質』（台湾学生書局、一九六三年）一七、二二、二七、四七、四八、五三、六一、九二頁。

＊9　以上、牟宗三『中西哲学之会通十四講』（上海古籍出版社、二〇〇七年）六七、七一、九二、二四〇頁。

＊10　カント『道徳形而上学原論』（篠田英雄訳、

岩波文庫、一九七六年）六三頁。

*11 アレンカ・ジュパンチッチ『リアルの倫理――カントとラカン』（冨樫剛訳、河出書房新社、二〇〇三年）一六三、一八二―一八三頁。なお、ジュパンチッチによれば、カントやラカンは「生命ほど尊いものはない」という現代社会の「貧弱な原理」とは、異質の倫理を教えている。つまり、彼らには倫理を「生命」に限定することへの抵抗がある（二〇頁）。生存の問題がひとびとの関心をすっかり支配している二一世紀において、このような議論は再考に値するだろう。

*12 牟『中国哲学十九講』七六頁。もっとも、董仲舒は漢の儒者にしては例外的に、心の問題に取り組んだ思想家でもあった。詳しくは、何儒育『知天者――西漢儒家知識理論探索』（中央大学出版中心、二〇一八年）一七九頁以下。

*13 特に、康有為の復権については葛兆光が目配りの利いたレビューを書いている。「異想天開――近年来大陸新儒学的政治訴求」『思想』（第三三号、聯経出版、二〇一七年）所収。

*14 趙汀陽『天下的当代性』（中信出版集団、二〇一六年）二六八頁。

*15 蔣慶『政治儒学――当代儒学的転向、特質与発展』（修訂本、福建教育出版社、二〇一四年）一五、三〇、四七頁。蔣慶の見立てに反発して、牟宗三の政治思想を重視した研究書として彭國翔『智者的現世関懐――牟宗三的政治与社会思想』（聯経出版、二〇一六年）がある。

*16 陳前掲書、二二五頁。

*17 蔣前掲書、二二一頁。

第六章　ユーラシアン・モダニティ——近代化の二つの波

1　理論を求めて

私はここ数年、香港や台湾の知的動向に関心を抱いてきた。面白いのは「香港アイデンティティ」や「台湾理論」を求める動きが出てきていることである。そこからは二つの判断が読み取れるだろう。一つは、香港や台湾のたどってきた複雑な歴史そのものが、新たな人文知のベースになり得るということである。もう一つは、香港や台湾の存在証明のためには、たんなるデータや実感の集積だけではダメで、理論的なフレームワークが要るということである。

中国化の圧力が日増しに強まるなか、帝国の辺境で新たな人文知のテーマが生起しつつあることは、注目に値する。そもそも、世界の多数から見れば台湾は「存在しない国家」であり、香港に到っては国家ですらない。したがって、それらの存在証明にあたっては、価値や評価の回路を築くことが必要となる。台湾で二〇二〇年八月に創刊された雑誌『ＶＥＲＳＥ』——オードリー・タン（唐鳳）およびＡＫＡＭＥ（屏東《へいとう》のレストラン）を経営するルカイ族のシェフを表紙に配して《Why Taiwan Matters?：世界に対する台湾の独特の価値》という特集を組んだ――が、洒落たヴィジュアル・デザインを駆使しながら「世界に対していかに自らの物語を説明すべきか」というコンセプトを正面切って掲げたのは、そのような試みの好例である。

加えて、知の「普遍性」を問い直そうとする動きも興味深い。ポストコロニアリズムを背景としながら台湾理論をリードする史書美（Shu-mei Shih）は、まさにそのことをテーマにしている。彼女の出発点は、台湾で理論が生産されず、欧米の知を一方的に消費してきた偏頗《へんぱ》な状態が、いかにして生み出されたかという問いにある。

もし帝国のみが理論を生産する資格をもつのだとしたら、それはその理論が政治・経済の権利に支えられた普遍性をもつからであり、その場合は帝国の周縁部はただ理論を消費・運用するだけで、生産はできない。帝国の時代――われわれのグローバルな帝国の時代も含む――には、国際分業は政治・経済のみならず理論にもずっと及ぶのである。

史によれば、台湾が理論不毛の地になった一因は、帝国の辺境にあったせいで知の組織的破壊を蒙りやすく、外来の理論を受け身で消費するしかなくなったことにある。そのような破壊を示す概念――アルゼンチン生まれのワルテル・ミニョーロの言う epistemic racism（認識論的レイシズム／西洋の「文明人」以外の知に対する人種差別）およびポルトガル生まれのボアヴェントゥーラ・ヂ・ソウザ・サントスの言う epistemicide（認識論のジェノサイド）――を参考にしながら、彼女は台湾でも「知識虐殺《ジェノサイド》」が繰り返されてきたのだとしたら、それをどう克服して「台湾理論」を組織できるかという問題を立てた。

そのとき、史が取り上げるのは「理論と世界史の関係」および「知識植民の問題」である。[*1] 台湾や香港のみならず、日本、朝鮮半島、ヴェトナム等も含めて、辺境人は彼女の言う「知識主権」を失ったサバルタン（従属民）である。特に、何度も植民地化された台湾は、もっぱら知の客体のポジションに押し込められてきた。したがって、台湾理論を樹立するには、まずはエピステーメー（理論）の次元での不平等や不均衡を生み出した「植民の歴史」を検証しなければならない。史の考えでは、理論はあくまで世界史（とりわけ植民史）のコンテクストにおいて生産されるので、歴史と切り離された「普遍性」は虚偽にすぎない。

そのため、史書美が編者に名を連ねる『台湾理論キーワード』（二〇一九年）の項目――そこには「分子化翻訳」「模倣」「インターフェイス」というまじめなものから日本のＢＬ文化から来た「腐」も含まれる――が、総じて「翻訳」と関連しているのは不思議ではない。植民地化のせいで、エピステーメーの次元で劣位に置かれてきた辺境人が、いかにその歴史的な布置を逆用し、変換し、別のエピステーメーやアイデンティティを構想できるか――、台湾理論や香港アイデンティティというテーマはそのような広義の翻訳と関わっている。そこには当然、権威主義国家の中国に抗して、思想的な自由と独立性をいかに保つかというテーマも見え隠れしている。

逆に、今の日本の言論空間では、理論への差し迫った衝動はすっかり薄れている。出版界で求められているのは、複雑な物事を分かった気にさせてくれる、教養としての歴史や哲学にすぎない。だが、今後の日本人は理論なしに、複数のエピステーメーの競合のなかを生き延びられるだろうか。読者を安易に分かった気にさせる教養書ではなく、むしろざらざらとした原野に差し戻す理論こそ、日本に必要なものだと思えてならない。

2　コンフリクトの場としてのユーラシア

前章で紹介したように、新儒家の牟宗三やその次世代である余英時は、カントやヤスパースを参照しながら、「天」へのアクセスを主題とする《中国哲学》のエピステーメーを描き出した。その仕事は西洋の知を受け入れつつ、しかも中国産の認識システムを再評価するものであった。それに対して、香港や台湾の人文知はもっぱら、ヨーロッパや日本によってたびたび植民地化され、いわばすれっからしの混血児になったことから来る雑種的な認識システムを象ろうとする。

私はこの混血の歴史を「ユーラシア的」と形容しておきたい。東洋史家の岩村忍によれば、Eurasian はもともとポルトガル人の男とインド人の女の混血児を指す言葉であった。一六世紀にポルトガル人がイギリスに先立ってインドの沿岸部を占領し、現地女性と結婚して生まれた子供たちが「ユーラシアン」と呼ばれた。[*2] その意味で、Europe と Asia を合成した概念であるユーラシアという言葉そのものに、近代の植民地主義の歴史が深く刻み込まれている。

このような混血現象は、二一世紀の世界を考えるのに有益なモデルになるだろう。例えば、ポルトガルの政治学者ブルーノ・マカエスは近年『ユーラシアの夜明け』のなかで、ヨーロッパとアジアが融合しつつある「ユーラシアの時代」を輪郭づけるにあたって、過去の帝国の時代と比べている。

清帝国とムガール帝国とハプスブルク帝国が宗教、商業、階層、市場についてまったく異なった見解をもっていたという事実は、さほど重要ではない。なぜなら、彼らは比較的孤立した状態で、それぞれの生を送っていたからである。われわれの時代はそれと異なっている。グローバリゼーションによってわれわれはごた混ぜに住むように強制されたが、この共通の世界がどうあるべきかについては、それぞれ異なったヴィジョンをもっているからである。

グローバル化によって地球は有限の「球」になり、諸国家は相互接続されるようになったが、政治的なコンセプトが地球上で統一される兆しはない。それどころか現代は、異なった政治体制が「孤立」することなく頻繁に衝突しつつ、予期できない化学反応を起こしている時代である。それゆえ、マカエスは「ユーラシアの時代」の本質が、調和ではなく「コンフリクト」にあることを強調しながら、その代表として香港を挙げている。「ユーラシア人であることとは、二つかそれ以上のお互いに相容れないパースペクティヴから世界を観察できるということとである」「香港人はある意味で最初のユーラシア人である」[*3]。

　私も現代を、複数の政治的ヴィジョンが競合する時代として捉えたい。それは、グローバル化によって気の合わないまま隣人にされてしまった帝国どうしが、お互いに不満を募らせ、鍔迫り合いを繰り広げる不穏な時代である（カントがこの「人間の不和」を不可避と見なしたことは、第一章で述べた）。パンデミックはこの相互の溝をいっそう深めた。こうした情勢下で、台湾や香港のような帝国の辺境は今や、欧州《ヨーロッパ》と亜州《アジア》の異なる政治的ヴィジョンがクラッシュを起こす文字通り「欧亜的《ユーラシアン》」な地域として浮上してきている。

3　近代化の二つの波

ところで、私の考えでは、日本も含めてユーラシアの辺境のエピステーメーがあるとしたら、それはたんに政治体制の複数性のみならず、モダニティの重層性を引き受けたものになるはずである。近代化とは一度でケリのつく現象ではない。歴史を振り返ったとき、東アジアの近代化には少なくとも二つの波があった。台湾と香港は、特にそのような想定を必要とするだろう。

　ここで重要なのは、台湾と香港という二つの《島》が世界史に登場するのに、二〇〇〇年ほどの時差があったことである。この時差にこそ、東アジアの近代性《モダニティ》を解き明かす一つの鍵がある。以下、歴史を駆け足でおさらいしておきたい。

台湾の初期の政治史は、大航海時代のヨーロッパの創作物である。台湾の別称であるフォルモサ（美麗島）は、それまで中国が大きな関心を払ってこなかった台湾島を、ヨーロッパ＝植民者の視線のもとで「発見」したポルトガル船員の感嘆の声から来ている。一七世紀前半にはスペインとオランダが台湾に進出し、東アジアでの交易の中継基地にしたが、やがてオランダの東インド会社が台湾を統治した（なおそれに先立って、一七世紀初頭にオランダは澎湖島で、スペインはルソン島で、それぞれ現地民の虐待や虐殺を行なっていた）。イマニュエル・ウォーラーステインの唱えた近代世界システム論は、最初のヘゲモニー国家として一七世紀のオランダを挙げたが、このオランダを中心とする世界システムの成立は新たな係争地としての《台湾》の誕生にも深く関わっていた。

その後、一六六一年に「反清復明《はんしんふくみん》」を掲げる鄭成功（日本でも「国姓爺《こくせんや》」として知られる）がオランダを駆逐し、台湾に独立政権を樹立するものの、鄭氏政権はわずか二〇年余りで清によって征服された。この清の統治時代に、大陸からの移民と島民の混血が進み、台湾の言語的な多様性も進んだ。台湾の運命が劇的に変わるのは、日清戦争後の下関条約によって日本の植民地となってからである。日本は皇民化政策を進めるとともに、台湾人に軍事的な徴用も行なって多くの犠牲を強いた。日本の敗戦後、台湾は一九四九年に大陸から逃れた蔣介石率いる国民党に支配され、その傍若無人の振る舞いにさらされたが（当時の台湾人はそれを「犬が去って豚が来た」と形容した）[*4]、蔣経国の死後の八〇年代末以降、李登輝のもとで軍政から民主化へと舵を切る。主権者としての台湾人が、それ以降ようやく現れてくる。

かたや、もともと辺鄙な漁村にすぎなかった香港は、アヘン戦争後の一八四二年の南京条約によって、中国からイギリスに割譲された。中国の都市の歴史はおおむね「内陸から沿岸へ」という経路をたどったが、海沿いの香港と上海はその歴史の末端に位置している。海外への門戸になった香港では、人種的・文化的な混血が起こり、多くのユーラシアンたちが生まれることになった。[*5] 一九世紀末から二〇世紀にかけて、香港では中国人の実業家も誕生したが、ヨーロッパの植民者たちの優位は変わらず、人種差別的な扱いはなくならなかった。

世界戦争の時代に入ってからは、香港は世界史の動きにいっそう深く巻き込まれるようになった。一九四一年一二月には日本軍が真珠湾攻撃と同時刻に、香港でイギリス相手に電撃作戦を実行し、あっという間に占領したが（この戦時下の香港については、作家の張愛玲《ちょうあいれい》が名作「燼余録《じんよろく》」で焼跡闇市派ふうのフリッパントな語り口によって再現している）、その後の三年余りの占領のせいで香港の人口は激減し、一般市民も拷問や強姦の被害を受けた。[*6] 日本の敗戦に伴って香港はイギリスの統治に復帰し、共産化の影響を受けた大陸の上海に代わって世界屈指の金融都市の地位を確立していく。

こうして、台湾は一七世紀にポルトガル、スペイン、オランダと、香港は一九世紀にイギリスと出会うことによって、それぞれ世界史の舞台へと連れ出された。この二つの遭遇を本書では「近代の第一波」および「近代の第二波」と呼んでおこう。台湾と香港はヨーロッパと日本の軍事的圧力にじかにさらされながら、ちょうど感光板のように、そのつどの国際社会を映し出していた。

4　ポストコロニアリズム／ポストモダニズム

フランス植民地時代のアルジェリアで生まれたジャック・デリダのヨーロッパ論の表現を転用すれば、この二つのアジアの島は「過剰に異文化を受容し、過剰に植民地化された」場所である。特に、香港は過剰な植民地化を推進力としながら、資本《キャピタル》を蓄積し続けるアジアの岬《キャップ》として邁進《まいしん》してきた――ただし、ヨーロッパという「アジア大陸の小さな岬」（ポール・ヴァレリー）が記憶や理念の集積地であったのと違って、雨傘運動以前の香港は、集団的な記憶の蓄積には無頓着であったのだが[*7]。

台湾と香港はユーラシアの東端において外圧にさらされ、自らの記憶をもつこともままならなかった。この「過剰」な近代化（植民化）の歴史は、日本もある程度共有している。なぜなら、日本もまた一六世紀にポルトガルの鉄砲とスペイン人（バスク人）のフランシスコ・ザビエルと出会い、一九世紀にアメリカの黒船と出会ったからである。

しかし、その遭遇の結果は同じではない。近代の二つの波にさらされるたびに、日本社会には確かに強い集団心理的な炎症が起こり、対外的な緊張にも見舞われた。にもかかわらず、日本は台湾と違って、外国勢力に占領された経験はほぼなかったし、香港と違って、アジアの岬のグローバル・シティとして進化することもなかった。それどころか、近代の日本は西洋列強のイミテーターとして、むしろこの二つの島を植民地にする側に回り、しかも戦後はその記憶に蓋をしたのである。

日本にとって、台湾と香港は他でもあり得た近代化の可能性を示すオルター・エゴ、つまり似て非なる「分身」である。この二つの島は、しっかりした免疫系を構築するまもなく、近代世界システムに半ば強制的に感染させられたという点で、いわば「剝き出しの生」を生きざるを得なかった。日本にしても、もし四方の海という自然の免疫系が役立たなければ、過剰に植民地化された可能性は大いにあるだろう。

この免疫系の有無は「理論」のあり方も規定している。例えば、香港の著名な作家であった也斯《イエス》（梁秉鈞《りょうへいきん》）は一九九〇年代半ばに、ポストモダニズムがしばしばanything goes（何でもあり）になってしまうことを危惧する立場から、香港文化の前提条件に遡ろうとした。

> 香港で文化評論に関わるには、基本的な問題に立ち返って思考すべきかもしれない。なぜ香港人は多くの場合、香港の文化について知らないのか？　これは恐らく、さまざまな植民主義の重層した結果、香港人が「他者」の意識を内面化して、自らの文化を蔑視し、馬鹿にし、口に出さず、さらにはその存在を疎外し軽視するようになったためである。

こうして、也斯はポストコロニアルな視座から、香港の文化史の忘却を生み出した植民地化の歴史を問題にする。同じく、台湾の多作な評論家である陳芳明《ちんほうめい》も近年、「主体の脱構築」を企てる欧米の後現代主義《ポストモダニズム》ではなく「主体の再構築」を目指す第三世界の後植民主義《ポストコロニアリズム》に、台湾の思想にとっての重要性を認めていた[*8]。

逆に、日本ではポストモダニズムが知的流行となった一方、ポストコロニアリズムは主流にならなかった。これは台湾や香港の知的動向に対する、日本の知識人の無関心とも連動している。日本はもっぱら欧米との比較によって自国の近代化を把握しようとして、一九七〇年代以降はその最新ヴァージョンとしてポストモダニズムを輸入した。問題は、この思考の枠組みのなかに、すぐ隣のアジアの「分身」たちの居場所がないことである。それはポストモダニズムの流行が去った後も、基本的には変わっていない。

5 オリエンタリズム／オクシデンタリズム

ともあれ、台湾に押し寄せた第一波の近代と香港に押し寄せた第二波の近代を腑分けすることは、日本ひいては東アジアのモダニティの図面を描き直すのにも欠かせない。しかも、近代の二つの波はたんに東アジアの過剰な植民地化を促しただけではなく、その波の原点であるヨーロッパの世界把握の仕方にも跳ね返り、その心象地理に大きな作用を及ぼした。

ここでは一例として、先ほど言及したワルテル・ミニョーロの表象文化論的な考察を紹介したい。ミニョーロによれば、イギリス、フランス、ドイツを中心とする近代の第二波がオリエンタリズム（東方主義）を生んだのに対して、スペイン、ポルトガル、イタリアを中心とする近代の第一波はオクシデンタリズム（西方主義）、つまりヨーロッパの「西」のイメージ化を生み出した。彼はエドワード・サイードの『オリエンタリズム』のもたらした学問的な転換に敬意を表しつつも、その盲点をついている。

私には、サイードの書物の強いてくる度を超した沈黙を再生産するつもりはない。オクシデンタリズムなしにオリエンタリズムもないし、ヨーロッパの「一番に広大で豊かで古い植民地」〔サイードの言〕とは「オリエンタル」ではなく「オクシデンタル」、つまり西インド諸島であり次いでアメリカである。「オリエンタリズム」とは近代世界システムでヘゲモニーを握った文化的想像物である。この第二のモダニティとは「ヨーロッパの中心」(イギリス、フランス、ドイツ)のイメージが、一五世紀から一七世紀半ばにかけての「クリスチャン・ヨーロッパ」(イタリア、スペイン、ポルトガル)に取って代わった時代である。[*9]

サイードはヨーロッパ人がいかにオリエント(東方)——具体的にはアラブとイスラム——についての表象を再生産したかを詳しく論じた。彼の考えでは、オリエンタリズムとは多様なレパートリーを蓄えた「劇場」のようなものであり、そこで上演されたイメージが、東洋人へのさまざまな偏見を増強しながらオリエントについての心象地理をヨーロッパ文化に根づかせたのである。しかも、オリエンタリズムの歪曲された知識は、オリエントの現実そのものと一致しているという無条件の確信、つまり「ラディカルな実在論」を伴っていた。

しかし、この知識＝現実というオリエンタリストたちの傲慢な態度は、何の前触れもなく生み出されたわけではない。サイードは「イギリス・フランス・アメリカ合衆国の三大帝国」の「知性と想像力の領域」に、自らの論述を絞ったが、[10] ミニョーロの考えでは、その限定こそが近代と植民地の内的連関を見えにくくしている。というのも、サイードはイギリスやフランスやアメリカが再生産したオリエンタリズム以前の表象システム、すなわちクリスチャン・ヨーロッパ（イタリア、スペイン、ポルトガル）が再生産したオクシデンタリズムを無視しているからである。ミニョーロはヨーロッパ人が「東」の前に「西」を記号的に掌握したことに、改めて注意を促す。

サイードが言ったように、一八世紀以降にオリエントが、ヨーロッパの他者として再帰的なイメージの一つになったことは真実である。しかし、オクシデントはもはやヨーロッパの他者ではなく、同一性のなかの差異にすぎなくなった。西インド諸島（まさにその名に見られるように）それからアメリカ（ビュフォン、ヘーゲルらにおける）は極端な西洋であって、西洋の他者ではなかった。[11]

ミニョーロはオランダがヘゲモニー国家となった一七世紀半ばを、ヨーロッパの表象システムの分岐点と見なす。その時期に、それまで他者性を帯びていたオクシデント（西インド諸島、アメリカ）はヨーロッパの延長として扱われるようになった。それに代わって、一八世紀になるとオリエント（アラブ、イスラム）がヨーロッパの他者として記号化される。つまり、近代の第一波から第二波への移行に伴って、ヨーロッパにとっての他者の記号論的位置が変わったのである。

6　東アジアの政治的な再配置

サイードも含めて、われわれはふつう「近代」を第二波に限定して考えている。ただ、そうすると、ミニョーロの言うクリスチャン・ヨーロッパの世界的な進出（第一波）は過小評価されざるを得ない。日本で言えば、キリスト教と鉄砲の伝来、つまりヨーロッパとのファースト・コンタクトは近代以前の事件として理解されてしまう。

むろん、日本ではキリスト教への「感染」がヒステリックなやり方で治療されたのも確かである。キリシタンの弾圧に続いて、一六三七年に起こった島原の乱は、日本が近代の第一波を暴力的に斥けたことを示す内戦である。それゆえ、第一波がいわば不発の近代に映るとしても不思議はない。にもかかわらず、第一波の襲来がなければ、黒船来航以降の第二波が日本でスムーズに受け入れられたかは疑わしい。

では、東アジアに襲来した近代の第一波は、いかなる政治的布置を作り出したのだろうか。アジアとヨーロッパの遭遇地点、すなわちユーラシア化の前線では何が起こっていたのか。この問いに網羅的に答えるのは難しいが、ひとまず日本と台湾に関わるポイントを一つずつ挙げておく。

〈α〉鉄砲という軍事テクノロジーの導入は、戦国時代の日本を激変させたのみならず、やがて豊臣秀吉の朝鮮侵略（日本で言う文禄・慶長の役）を促した。それは一六世紀という「軍拡」の時代を象徴するだけではなく、東アジアの政治を再配置した大きな事件だと考えられる。

例えば、アメリカの大学で教鞭をとる歴史家の宋念申《そうねんしん》は、秀吉の軍事行動が「東亜」で最初の「世界大戦」であるばかりか、その規模から言っても技術面から言っても、当時の世界クラスの戦争であったと述べている。秀吉は「天下人」になった後、その天下を朝鮮や中国（明）にまで拡大しようとしたが、李舜臣率いる朝鮮軍と明軍に敗れた。その後のおよそ三〇〇年間、中・朝・日という東アジアの古い三国は、暫定的な平和の時代を生きることになった。

宋念申によれば、この「世界大戦」の最大の受益者はほぼ同時代に生きた徳川家康とヌルハチである。秀吉が戦争のさなかに亡くなり、豊臣家が不振に陥った後、家康がそれに代わって江戸幕府を樹立した。かたや満州の女真族のヌルハチは明が戦争で疲弊したことに乗じて、短期間のあいだに部族をまとめあげ、清王朝の礎を築いた。このような辺境の政権があっという間に歴史上稀に見る帝国を築いたのは、まさに異例のことである。[*12]

鉄砲という軍事革命は東アジアの国家どうしを暴力的に遭遇させるとともに、明を衰弱させ、満州のヌルハチに力を与える遠因となった。秀吉の軍事的野心を膨れ上がらせたクリスチヤン・ヨーロッパの東方進出は、めぐりめぐって東アジアの政治的なフレームワークの再編成をも促したのである。

〈β〉東アジア地域の再配置においては、軍事力や経済力だけではなく、法の力も大きな役割を果たした。なかでも国際法が《台湾》の誕生とも関わっていたというのが、先述した史書美の主張である。史によれば「一七世紀に起源をもつ入植者植民主義（settler colonialism）に関わる国際法は、実のところ台湾と直接の関連がある」。

一七世紀オランダのフーゴー・グロティウスは「無主地」の概念を整備し、入植と占領に関わる国際法の基礎を固めたが、それはまさにオランダの東インド会社が台湾を植民地化した時期と重なっている。そして、グロティウス自身も東インド会社と密接な関係にあった。つまり、オランダが台湾に入植し、そこを実効支配する、その法的な根拠がグロティウスによって整えられたのである。その後、無主地先占の原理はジョン・ロックによって推し進められるが、そのロックも王立アフリカ会社および西インド諸島のバハマの貿易会社の出資者であり、ヨーロッパの初期の植民史と関わりがあった。[*13]

その意味で、ヨーロッパの国際法理論はアジア、アフリカ、ラテンアメリカの植民地化と切り離せない。台湾という極東の島は、ヨーロッパの国際法の成立にも間接的に関わったことになるだろう。史の考えでは、台湾理論はまさにこの世界史への参入というコンテクストにおいて構想されなければならない。もとより、いっそう詳しい議論が必要であるにせよ、重要な問題提起であるには違いない。

7　ユーラシアン・モダニティ

このように、近代の第一波をきっかけとして、日本、朝鮮、中国という東アジアの古豪に加えて、台湾と満州という新興勢力が現れる。ヨーロッパとの遭遇というショックは、東アジアの政治的な可変性を増したように思われる。

以上を踏まえて、われわれは「近代」の基本的な定義からやり直すべきではないか。多くの社会理論は、近代を合理性の監獄のようなものとして表現してきた。近代はそこでは官僚と専門家の作る温かみのないシステムと同一視される。だからこそ、自然を収奪し、共同体を破壊しながら、人間を鋳型にはめて社会の標準的な部品にしてしまう近代からドロップアウトし、もっと柔軟で、多様で、生き生きとした状態を目指す反近代主義も活気づいた。最近ではＩＴ系の論者が、しばしばこのような近代批判を展開している。

しかし、それは近代の理解としては一面的である。現に、リスク社会論を唱えたウルリッヒ・ベックは「官僚制度や専門家の知識のテクノクラシーの刑務所」という近代の紋切り型のイメージに反対している。ベックによれば、近代はすみずみまで厳格なシステムではあり得ないからこそ、深刻なリスクを抱え込んでいる。「モダンの社会のほとんどの理論とは異なって、リスク社会の理論は、近代という環境について、偶発的で、アンビヴァレントで、政治的な再配置の影響を受けやすい（自発的ではなく）ものであるというイメージで展開されている」[14]。

私もベックの考え方に同意する。つまり、近代社会は一見して堅固な檻であり、形式的な諸制度によって守られているように見えるが、実際にはショックを受けやすく、偶発的な危機にさらされ、その住人たちをしばしば不安やパニックに追いやる複雑系である。官僚的なシステムと珍妙なドタバタ劇を同居させたカフカの小説がうまく示したように、厳格さを装った近代という「城」は、それ自体が予測不能のトラブルの源なのである。

近代はショックや可変性をその環境とする——そう定義づけるならば、近代の二つの波にさらされて、ヨーロッパとアジアの混血児となり、今なおコンフリクトを抱え込んだ中華帝国の辺境は、まさに「ユーラシアン・モダニティ」の場と呼ぶにふさわしい。われわれには台湾、香港、日本、朝鮮半島の歴史を一望できるようなエピステーメーが必要である。それによって、東アジアの近代化もたった一度きりの大地震ではなく、むしろ一六世紀以来の長期にわたる地殻変動のプロセスとして了解できるだろう。辺境の「理論」はこの重層的な歴史に根をおろしている。

*1 史書美「理論台湾初論」史書美・梅家玲・廖朝陽・陳東升編『知識台湾——台湾理論的可能性』（麥田出版、二〇一六年）五六—五七頁（引用部の強調は削除した）。Walter Mignolo および Boaventura de Sousa Santos の日本語表記については、同僚の林みどり氏からご教示を賜った。『南の認識論』という著書もあるソウザ・サントスが、二〇二〇年のパンデミックに際して、西洋資本主義による知識システムの暴力的な一元化を改めて批判したことも、ここで付け加えておこう。

　もっとも、この「エピステーメーのジェノサイド」については、もはや西洋だけを悪者にして片づく時代ではない。現に、中国は新疆でのウイグル語の使用に強い制限を加えており、香港での広東語についてもいずれ同様の措置がとられる可能性もある。知識の伝達可能性を抹殺する epistemicide は今なお進行中なのである。それはポストコロニアルというよりネオコロニアルな事態だと考えたほうがよいだろう。

*2 岩村忍『東洋の発見』（講談社学術文庫、一九七六年）四五頁。

*3 Bruno Maçães, *The Dawn of Eurasia: On the Trail of the New World Order*, Allen Lane, 2018, pp.2-3, 11.

*4 台湾人にとって、一九四九年の国民党の渡来による「中国化」はしばしば災厄や苦難と見なされた。台湾独立を主張した王育徳の力作『台湾——苦悶するその歴史』（増補改訂版、弘文堂、一九七〇年）は、そのような歴史観を代表するものである。

　しかし、中国哲学の研究者である楊儒賓の『1949礼賛——中華民国の南遷と新生台湾の命運』（中嶋隆蔵訳、東方書店、二〇一八年）は別の見解を示している。楊の考えでは、この中国化によって、中国文明が南へと移転され（故宮の文物はその最たるものである）、その結果、台湾文化はついに自らの「合理的な表現形式」を獲得することができた。楊によれば、それは北方から南方に逃れた四世紀の東晋や一二世紀の南宋に続く、中国文化の「南遷」の完成を意味している（二七、七五頁）。台湾が「中華民国」としてブランディングされたことは、確かにその国際的な威信の獲得に役立っただろう。《一九四九》をどう評価するかは、現代の中国化ともオーヴァーラップする論争的な問題なのである。

*5 ユーラシアンはインドでは蔑称であったが、その他の地域では負の意味が和らぎ、しばしば自称として用いられた。中国では南京条約によって香港が割譲され、広州、廈門、福州、寧波、上海が開港された結果として、ユーラシアン（欧亜混血）が生まれた。加えて、この時期には中国からアメリカ、カナダ、オーストラリアへの移民が進み、やはりそこでも混血が生じた。しかし、ユーラシアンたちのアイデンティティの実態についてはこれまであまり調査されなかった。詳しくは、鄧津華（Emma Jinhua Teng）『欧亜混血——美国、香港与中国的双族裔認同』（楊雅婷訳、台大出版中心、二〇二〇年）参照。

*6 ジョン・M・キャロル『香港の歴史——東洋と西洋の間に立つ人々』（倉田明子・倉田徹訳、明石書店、二〇二〇年）一二三、二〇〇頁。

*7 ジャック・デリダ『他の岬——ヨーロッパと民主主義』（高橋哲哉・鵜飼哲訳、みすず書房、一九九三年）五頁以下。

*8 也斯『香港文化十論』（浙江大学出版社、二〇一二年）五九頁。陳芳明『後殖民台湾——文学史論及其周辺』（麥田出版、二〇一七年）三九頁。

*9 Walter D. Mignolo, *Local Histories/Global Designs: Coloniality, Subaltern Knowledges, and Border Thinking*, Princeton University Press, 2000, p.57.

*10 エドワード・W・サイード『オリエンタリズム』（上巻、今沢紀子訳、平凡社ライブラリー、一九九三年）四五、一四九、一六八頁。

*11 Mignolo, *op.cit.*, p.58.

*12 宋念申『発現東亜——現代東亜如何成形？全球視野下的関鍵大歴史』（聯経出版、二〇一九年）四二、六四頁。

*13 史前掲論文、七三頁以下。史がここで依拠しているのは、政治学者のキャロル・ペイトマンの議論である。

*14 ウルリッヒ・ベック『世界リスク社会』（山本啓訳、法政大学出版局、二〇一四年）二五六頁。

第七章　シュミット・シュトラウス・毛沢東

1　実験室としての両岸三地

ここまで述べてきたように、中国の現代思想の核心には政治哲学がある。中国がユーラシアの帝国に近づくにつれて、その思想上の対応物として天下主義や天朝主義が頭をもたげてきた。その代表的なイデオローグである趙汀陽は、西洋哲学のトレンドの変遷を形而上学→知識論→言語学→倫理学＋政治哲学として整理しながら、近年の「哲学の政治学転回」を強調したことがあるが[*1]、中国の現代思想でもまさにポリティカル・ターンが顕著になっている。

かたや、前章で述べたように台湾や香港という辺境の小ぶりな島——前者の面積は日本の九州に、後者のそれは沖縄本島にだいたい相当する——も植民史に立脚しながら、自らに固有の価値の探求に向かっている。しかも、このようなアイデンティティ・ポリティクスは必ずしも閉鎖的・固定的なものではない。

例えば、パンデミックに対する機敏な対応をきっかけに、台湾の新しいアイコンとして海外のメディアにも頻繁に登場しているオードリー・タン（唐鳳）は、もともとアナーキストにしてハクティヴィスト（ハッカー＋アクティヴィスト）であり「台湾のために（for）ではなく、台湾とともに（with）仕事をする」という姿勢のもとで、韓国、タイ、アフリカ諸国と交渉している（『ＶＥＲＳＥ』創刊号に掲載されたインタビューによる）。究極的には政府を不要と考えるアナーキストが、政府の要職にいるからこそ面白い——逆にこのような逆転に乏しい日本では、ＩＴ系の議論も国策に素直に靡《なび》いていく危険があるのではないか。

ともあれ、世界との多面的な接続や歴史の再創造がなければ、辺境の小さな島は生き延びられない。台湾も香港も、対外的には国家として認識されていない。したがって、歴史観やアイデンティティの闘争を積極的に仕掛けなければ、あっという間に存在しないことになってしまうだろう。この緊迫した状態は、東アジアの「戦後」のパラダイムが大きな節目を迎えていることを示唆している。

そもそも、台湾の思想史家である楊儒賓《ようじゅひん》が述べたように、いわゆる「両岸三地」（中国・台湾・香港）は一九四九年以降、冷戦構造のなかで「歴史的実験」の場となってきた。楊がこの三地について「体外受精の産物」と巧みに形容したとおり、これらの地域は、短期間のうちに多すぎる出来事に巻き込まれた結果として、それぞれ特殊な政治体制を受胎した。[*2] すなわち、香港は過剰な植民地化を経て「一国両制」に守られたグローバル・シティとして進化し、台湾は中華民国という国家の亡命先となり、大陸はマルクス゠レーニン主義の変種である毛沢東主義の壮大な試験場となった。これらは、共産主義を頂点とする政治的な「実験」の時代であった二〇世紀そのものの縮図でもある。

かつてトロツキーはロシアが「後発」であるがゆえに、中間的な諸段階（特に形式的民主主義）を飛び越さざるを得なかったと見なした。彼の考えでは、ロシアは近代化に立ち遅れたからこそ、その巻き返しのために新しい革命思想へと急進的に到った。[*3] プロセスの大胆な省略、つまり遅刻ゆえの加速というトロツキー的認識は、東アジアにもある程度当てはまるだろう。なぜなら、そこでも十分に議会制民主主義が成熟する前に、共産主義（大陸）と資本主義（香港）が加速したからである。加えて、冷戦のあいだ、両岸三地では軍事衝突は避けられたので、それぞれの実験室は相互の独立性を保つことができた。

複数の政治的実験室の並立——、平和主義を選んだ日本も含めて、それこそが戦後の東アジア政治の核心にある。とはいえ、両岸三地という実験室の棲み分けをもたらした二〇世紀の冷戦構造は、すでに過去のものとなった。二一世紀の急速な中国化は、この棲み分けの構造を根底から破壊しつつあり、台湾に対する中国の軍事的侵略も今やあながち荒唐無稽な話ではなくなった。戦後の実験の時代は終わり、ポスト戦後の不和と確執の時代が始まったのである。

2　諸世界の確執

この劇的な変化のなかで、近年の両岸三地の知識人は「政治学転回」に駆り立てられてきた。彼らはたんにエスニックな特殊性を主張したり、リベラルな優等生として自己満足したりするのではなく、複数の世界像が衝突する荒海のなかで、政治と歴史を概念的に再建しようとしている。

例えば、一九五六年生まれの大陸の代表的な政治思想家である劉小楓《りゅうしょうふう》は、最近の論文において、諸世界の確執を歴史哲学の語りによって正当化した。劉がそこで頼みの綱としたのは、ナチス・ドイツからアメリカに亡命した保守的な政治哲学者エリック・フェーゲリンである。フェーゲリンは一九七〇年代に、カール・ヤスパースの言う「枢軸時代」を批判して「天下時代」(Ecumenic Age) という概念を提唱した。

この二つの「時代」は好対照をなしている。ヤスパースによれば、枢軸時代に人類の知は一挙に目覚め、初めて「哲学者」が生まれた。このブレイクスルーの同時性は、人類が一つの共通の知性のルーツをもち、それゆえに相互に理解し連帯できることを示唆している。逆に、フェーゲリンはその知的な目覚めの後の時代、すなわち西ではペルシャ帝国やローマ帝国が、東では漢王朝が、それぞれ並行発展した帝国の建設の時代に注目した。

ヤスパースはあくまで人類が一つのものに属する可能性を評価したので、技術的・組織的に秩序を樹立した諸帝国は通過点にすぎないと考えた。しかし、フェーゲリンはむしろ帝国の並び立つ時代こそ、つまり異なる政体どうしが「存在真理」を競いあう時代こそ、歴史の必然と見なしている。[*4] ポスト枢軸時代＝天下時代には、諸帝国がそれぞれ宣教運動《エキュメニズム》を実行するので、人類が一つになることも、政体が一つになることもない。フェーゲリン＝劉小楓の考えでは、政体の差異化のプロセスこそが歴史哲学の根本問題なのであり、その差異を打ち消して人類の

「共同性」に一足飛びに到ったヤスパースの哲学には大きな欠陥がある。ヤスパースからフェーゲリンへ。あるいは枢軸時代から天下時代へ。この劉の見立てには当然、人類を一つに向かわせる「全球化」の時代に代わって、米中を中心とした諸帝国の時代が到来しつつあるという認識が暗に重ねられている。西洋流のリベラル・デモクラシーはもはや唯一の真理ではなく、したがって諸帝国＝諸世界の確執が終わることもない——劉はそれを歴史哲学のレトリックによって必然化しようとした。

3 施米特《シュミット》と施特労斯《シュトラウス》

ところで、エリック・フェーゲリンはマルクス主義に幻滅し、ナチスの全体主義からも逃れて、アメリカで保守思想家となった。ドイツからアメリカに渡った亡命思想家には他にハンナ・アーレント、レオ・シュトラウス、ヘルベルト・マルクーゼらがいるが、彼らは総じて思想的には資本主義に反発しつつも、その生活の場は資本主義の最先端を走るアメリカにあった。

これと似た状態は、現代中国の保守的な政治哲学者にも認められる。彼らは資本主義に邁進する中国にあって「政治的なもの」の領分が「経済的なもの」に呑み込まれていくことに総じて反発している。といって、マルクス主義も全体主義もすでに評判が落ちて使い物にならない。そこで、もともと美学の研究者であった劉小楓は、二〇〇〇年頃からカール・シュミットとレオ・シュトラウスを中国の言論界に積極的に導入するようになった。

シュミットとシュトラウスはともに「政治的なもの」の固有の価値を象ろうとした哲学者である。彼らの理論は、政治の本質がリベラルな潮流のなかで忘却され、快適で心地よい「娯楽」のなかに埋もれつつあるという危機感を背景としていた。

例えば、シュミットはヨーロッパ精神の中心領域が、神学的なもの→形而上学的なもの→人道的－道徳的なもの→経済的なものへと転位していったと見なした。シュミットによれば、この転位の最終段階に来るのは「中性化と非政治化の時代」である。

> この驚くべき転回の核心にあるのは、基本的に単純な、数世紀を規定する根本動機、すなわち中性的領域の追求なのである。一六世紀の見通しのたたない神学的論議、論争の果てに、ヨーロッパの人間は、争いの解消する領域、人びとが了解し、合意し、相互に納得し合えるような中性的領域を求めた。

シュミットはこの争いを解消する中性的領域として、経済、技術、文化、美学という諸分野を挙げた（娯楽もそこに含まれる）。この中性化（中立化）によって進められたのは、彼の言う「政治的なもの」そのものの解消である。

特に、技術はすっきりしていて、明証的であり、一見してこれほど中性的（中立的）なものはない。そのため、ひとびとは神学や形而上学がこねくり回してきた小難しい議論も、技術ならば即物的に解決できる、あるいは思想上の「争い」も技術の中立性によって解消できると考えがちだが、シュミットによればそれは「技術信仰」、つまり技術の宗教化にすぎない。なぜなら、技術そのものはいわば「盲目」であり、平和の道具としても戦争の道具としても使えるからである。それゆえ、技術がどれだけ進化しようとも、政治的な敵対性が消滅することはあり得ない。[*5]

　かたや、レオ・シュトラウスは近代の啓蒙主義を批判するとともに、古代の政治哲学を再建しようとした。彼の言う「政治哲学」は正しいあるいは善い政治秩序についての真正の知識を追求する営みであり、政策論はもとより「政治思想」に還元されるものでもない。[*6]つまり、シュトラウスにとって、政治家やジャーナリストの政治と哲学者の政治は厳密に区別されるものなのである。シュミットが政治神学を掲げたのに対して、シュトラウスは政治哲学に向かったという違いはあるにせよ、この両者はともに「政治」に固有のものを抽出しようとしていた。

　中国の新保守主義的な現代思想も「中性化と非政治化」の流れに逆らおうとする。だからこそ、政治神学者としての趙汀陽は「神性概念としての中国」を語り、政治哲学者としての劉小楓は「天下時代」における帝国間の衝突を不可避と見なしたのである。両者はともに、中国の歴史的体験に特別な価値を認めながら、近代のリベラルな中性化に反発した。

　特に、劉小楓はその幻惑的な文体によって、西洋の反近代思想を巧みに再演してきた。例えば、ハイデッガー流のタイトルを冠した『シュトラウスの道標』（一九九九年から二〇〇九年までの文章が収録されている）では、シュミットとシュトラウスが並行して論じられる。劉はそこで、シュミットがリベラルな文化主義に抗して「政治」を保全したことを強調した。「リベラリズムは「文化」哲学を「政治」哲学に取って代わらせようと企てたが、シュミットが守り抜いた政治とは、永遠に抹消されたり隠蔽されたりすることのない人類の道徳の衝突であった」[*7]。

リベラルは「文化」や「技術」の名のもとに争いの解消を望むが、シュミット＝劉小楓は「政治」という闘争は人間にとって根源的なものだと見なす。現状を振り返っても、人民解放軍出身の任正非《じんせいひ》の創業したＩＴ企業の華為《ファーウェイ》が、競争心剝き出しの「狼性《ろうせい》文化」を社風としつつ、通信規格をめぐる争いの主役となっているように、ハイテク産業も政治的な闘争にたやすく動員される。それゆえ、シュミットの技術論は古びていない。今の日本でも、リベラルなＩＴ系の論者は「争い」や「分断」の解消を金科玉条とするが、その実現は困難である。むしろ、社会的軋轢を技術的・文化的・美学的に「中性化」しようとするほど、その反動がきつく出るのが実状ではないか。

4 啓蒙主義とその反動

劉小楓にとって、カール・シュミットが反自由主義の旗手だとしたら、レオ・シュトラウスは反啓蒙主義の道標である。「シュトラウスの見るところ、啓蒙運動以来の哲学の根本問題は、哲学があらゆる現世問題を解決できるとしたところにある。しかし、啓蒙のポストモダンの後は、現世問題が解決されなかったばかりか、哲学ももはや精神の自由高貴な生活形式ではなくなり、もろもろの「主義」式の「学問」となった」。劉はここでシュトラウスとともに、近代の啓蒙主義について、哲学を学問化し、その高貴な精神を損なった元凶と見なしている。

劉がことさら啓蒙主義を敵視するのは、中国の近代思想の歩みに対する明確な反動でもある。二〇世紀前半の中国思想は、まさに「啓蒙」のプロジェクトとして要約できる。晩清から五四時期、さらに一九一〇年代半ばから二〇年代にかけての新文化運動（雑誌『新青年』を中心として魯迅、胡適《こてき》、陳独秀らが文化や社会の近代化を目指した運動）へと到るなかで、中国の進歩派の知識人は西洋の思想を導入する一方、自国の伝統を厳しく批判するようになった。中国のマルクス主義もこの一連の啓蒙（西洋化）を苗床としたのである。

それに対して、劉はこの啓蒙のプロジェクトそのものを偏頗なものと見なす。彼の狙いは、伝統を忘れ、西洋に染め上げられた中国の近代思想を土着化（中国化）することにある。

啓蒙主義の「尚同」〔墨子の言葉。賢人を標準としてひとびとの意見を統一すること〕哲学は、中国を古い天下帝国の視界から連れ出して、西洋の普遍化した新世界に導き入れた。これは西洋の近代啓蒙主義が新中国になした偉大な貢献である。しかし、中国の二〇世紀思想の発展に詳しいひとは皆知っているように、中国のマルクス主義者はいかにマルクス主義を中国化するかという問題にずっと直面してきた。言い換えれば、中国の啓蒙主義者はこのような問いに向き合わねばならない。中国自身の倫理身分とは何か？　マルクス主義の中国は、グローバル時代以後、いかに伝統文明の中国と血縁関係を保持するか？〔…〕シュトラウスの「古典政治哲学」はわれわれに、中国の「道」が百年来対面してきたのはたかだか西洋の現代の「道」にすぎず、西洋の古典の「道」ではないことを理解させる。[*8]

劉はシュトラウスの名のもとに、啓蒙主義やマルクス主義の歴史の浅さを問題視し、そこからの脱却を企てる。シュトラウスが「古典政治哲学」の復権を目指したように、劉もまた近代の啓蒙主義を格下げする反面、儒学の力を過大に思えるほどに高く評価した。それは特に、近代の革命についての彼の理解によく示されている。

劉の考えでは、康有為、孫文、蔣介石、毛沢東はいずれも「儒家革命家」であり、彼らにとって儒家の影響はキリスト教やマルクス主義よりもずっと深い。聖人による政治秩序の制作を重んじる「公羊学」のプロジェクトと聖人の心に学んで到ろうとする「心学」のプロジェクト、この儒家の両翼の考え方は彼ら革命家たちの発想の源になった。例えば、道徳的に完成された聖人が政治的秩序を樹立すべきだとする「内聖外王」の理念一つとっても、マルクス主義者の毛沢東と新儒家の牟宗三には実は違いがない[*9]……。これらの強引な解釈によって、劉はかつて啓蒙主義によって弾劾された儒家の伝統こそ、近代中国の革命を生み出した原動力と見なすのである。

むろん、劉小楓とは反対に、啓蒙主義のプロジェクトを続行しようとする知識人も少なくない。特に、二〇一九年は五四運動から百周年にあたるため、その前後には「五四」を再評価する本が多く刊行された。例えば、中国文学研究を長年リードしてきた一九五四年生まれの陳平《ちんへい》原《げん》は、五四の啓蒙的な批判精神を改めて想起しながら、儒教回帰に代表される保守的なムードを厳しく批判している。

私は学問および重要な思想資源としての儒家には、十分な敬意があります。しかし、イデオロギーとしての儒学については終始強く警鐘を鳴らしています。今の中国では、文化の主体性を求めて儒学だけが崇められ、陳腐な「二十四孝」が力強く顕揚されてさえいますが、思うにそれはまったく賢明ではありません。

陳平原によれば、この二〇年に「中国思想界は日増しに保守化」し、「国学熱」と「民粋主義《ポピュリズム》」の野合が、歴史的反省や現状への批判を難しくしてきた。現代の多くの儒家は書斎から出て、政治にコミットしようとするが（「内聖」から「外王」へ）それは「危険信号」である。五四の批判精神を投げ捨ててイデオロギー化した儒学は「自我封鎖」に陥りかねない。だからこそ、陳は『新青年』の同人たちの儒教批判の意義を改めて強調したのである。[*10]

5　山寨マルクス主義としての毛沢東主義

逆に、陳平原と同世代の劉小楓にとって、このような批判は「中国自身の倫理身分」を忘却させるものである。そこで劉は手練手管を尽くして、反啓蒙主義や反自由主義にアクセスしながら、中国の革命思想史を描き直そうとする。ここで興味深いのは、劉が最大の革命家である毛沢東を、新儒家だけでなくカール・シュミットとも結びつけたことである。

シュミット自身も戦後の代表作『パルチザンの理論』で、毛沢東を「政治的なもの」を体現する戦術家として高く評価した。というのも、毛は農民と兵士をパルチザン（遊撃隊）として組織し、土地に深く根ざしながら、さまざまな公敵たち（搾取する白人、ブルジョワジー、侵略者である日本人、自己の同胞）をそのつど選び出し、闘争を継続したからである。劉小楓はまさにこの『パルチザンの理論』に注目して、毛における「郷土性」と「現代性」という相反する二つの要素を際立たせた。[*11]

実際「だれがわれわれの敵か。われわれの友か。これは第一に重要な革命の問題である。〔…〕真の友と真の敵とを区別するためには、中国社会における各階級の、経済的地位と革命への態度について、大すじの分析をしておく必要がある」「すべて敵が反対するものは、守らなければならない。すべて敵が守るものは、反対しなければならない」等と述べつつ「不断革命論」を掲げた毛沢東は、まさにシュミットの言う「友敵」の区別をやり抜いた、きわめて戦闘的な政治家である。[*12] 毛とシュミットは、真の敵との境界線をそのつどはっきりさせ、闘争を続けることこそが、政治の本質だと考えていた。この点で、年齢も近い両者には確かによく似たところがある。

もとより、毛沢東は二〇世紀中国で最大の政治思想家である。その名を「主義」として冠せられ、世界の政治運動に影響を与えた思想家は、東アジアでは彼以外にいない。その一方、独裁者としての毛は大躍進政策から文化大革命に到るまで、社会に甚大な災厄をもたらした。したがって、彼の壮大な「実験」をどう評価するかは、中国の知識人にとって難題であり続けている。

それればかりか、毛沢東主義そのものにも正体のよく分からないヌエ的なところがある。毛は確かにマルクス゠レーニン主義を表面上受け継いだが、そこからの逸脱も大きい。特に「農村から都市を包囲する」という有名なスローガンのもと、都市の労働者よりも農民を主体にした毛の戦略は、その逸脱の最たるものだろう。

優れた中国学者であるモーリス・マイスナーが指摘したように、毛沢東のこの「反都市主義」はレーニン主義よりも、それ以前のニコライ・チェルヌイシェフスキーのポピュリズムに近いところがある。レーニンにも部分的に影響を及ぼしたチェルヌイシェフスキーは、ナロード（民衆）を理想化し、農民にこそ真正の革命の力を見出した。そして、その力を覚醒させるのは、献身的で道徳的な《新しい人間》である。マイスナーはこう要約している。

［チェルヌイシェフスキーの］ポピュリズムの思想的特徴は、強いヴォランタリズムの信念にある。それは人間の意識に、社会的現実を決定する力を認めた。マルクス主義者とは違って、ポピュリストにとっては、歴史と革命の発展の決定的な因子は、物質的な生産力

のもたらす不可抗力の運動にではなく、ひとびとの選択と行動にある。*13

毛もまた、農村の人民を革命のプラットフォームにしようとするポピュリストであり、個人の行動と選択を信じるヴォランタリスト（主意主義者／人間の意志を最上位の力と見なすタイプの知識人）であった。都市の労働者に訴えかけたレーニンと違って、毛はチェルヌイシェフスキーのように農村を拠点とすることを企てる一方、師匠の楊昌済《ようしょうさい》ゆずりの唯心論、つまり「我」の魂魄《こんぱく》こそが天地万物の中心にあるというスピリチュアルな思想も抱え込んでいた（それは特に、彼の気宇壮大でロマンティックな詩によく示されている）。毛はマルクス主義者として唯物論を掲げたが、唯心論と絶縁できたわけではない。

そのため、韓国生まれのドイツの思想家ビュンチュル・ハンのように、毛沢東主義は中国お得意の「山寨《シャンジャイ》」（ブランドの模造品）、つまりNokiaならぬNokir、SamsungならぬSamsingの同類だという意地の悪い見方もある。ハンの大胆な説明によれば、二〇世紀の西欧のポストモダニズムがオリジナルの優位を疑って、その脱構築を企ててきたのに対して、中国思想は初めから脱構築を広く許容しており、毛沢東主義はその末裔である。

山寨は徹底したハイブリッド化を通じて動作する。中国では、毛沢東主義それ自体が山寨マルクス主義の一種である。労働者階級と産業プロレタリアートの不在のなかで、毛沢東主義はマルクスのオリジナルの教義の変換に取りかかった。そのハイブリッド化の能力によって、中国共産党は今やターボ資本主義に順応している。[*14]

ハンによれば、毛沢東主義はマルクス主義のフェイク、つまり山寨マルクス主義である——実際、初期の中国共産党は都市的なプロレタリアートが不在のまま、マルクス＝レーニン主義を自国に移植したばかりか、今や高度な資本主義をそこに接ぎ木しているのだから。ハンはこのハイブリッド化に中国の「反本質主義」を認める。この奇怪なサイボーグのような山寨マルクス主義の先に、ハンの期待するような「山寨民主主義」が出てくるかはともかく、中国のイデオロギーについてはその変造のプロセスを見なければならないのは確かだろう。

6　進化する宇宙と道徳的な意志

ただ、毛沢東主義がマルクス主義のハイブリッドな二次創作であるにせよ、どこかに純血種のマルクス主義があるというのも誤りである（逆説的なことに、偽物の存在こそが、そのブランドが本物であることを証明する——そもそも、マルクス主義の歴史はそのさまざまな「山寨」の氾濫抜きに語れない）。問題は、毛沢東主義において、マルクス主義に還元されない剰余が何かということである。

劉小楓はその剰余にカール・シュミットを当てはめたが、そこには相応の説得力がある。例えば、かつてアメリカ出身の研究者スチュアート・シュラムは、毛沢東の思想の本質を「極端なヴォランタリズム」と「軍事的ロマンティシズム」に見出した。毛にとっては、戦争こそが人間の勇気と意志の頂点であり、そのため彼は、闘争にまつわるレトリックを経済や哲学の分野にも好んで応用した。[*15] 好戦的なロマン主義者として、知的な分別よりも意志や行動の力を信じること――、ここには明らかにシュミットとの類縁性が認められる。

この戦闘的なヴォランタリズムの背景には、社会進化論があった。毛沢東に先立って、近代中国で最大のジャーナリストである梁啓超《りょうけいちょう》は、近代世界をダーウィン的な生存競争のジャングルとして描き出した。毛はその影響を受けて、世界はたえまない闘争の力によって進化しており、誰もその歴史の進路を変えられないという認識に到ったのである。毛の歴史観や人民観の祖型は、マルクスよりも前に梁啓超によって形作られた。[*16]

近代中国の知識人たちは、ダーウィンやハーバート・スペンサーの示す進化論の世界観、その新たな歴史的全体性のヴィジョンに強い衝撃を受けた。活気に満ちたダイナミズムを求めて止まない毛にとって、宇宙全体を貫く進化論のヴィジョンは気質的にも受け入れやすいものであっただろう。

中国思想史の大家である李沢厚《りたくこう》が述べたように、そもそも青年時代の毛は「人間は動物であり、それゆえ動きを尚ぶ」「天地の間にあるは「動」のみ」と述べながら、たゆまぬ努力を通じて頑健な身体を作ることを訴えていた（「体育の研究」）。当時の毛にとって「宇宙真理」は「動」と「鬥（闘）」を核心とするものであった。この停滞することのない宇宙は進化論のダイナミズムと重なりあう。そして、「動」のエネルギーに満ちた世界で生き延びられるのは、動物のように強靱な身体とダイナミックな意志を備えた人間だけなのである。

しかも、青年毛沢東において、意志的な主体は道徳性を必須とする。李沢厚によれば、当時の毛は道徳的に完成された「聖賢」を理想としていたが、その道徳の基準は外にではなく「我」の内にあった。毛にとって「道徳は社会や歴史などの外在的な標準、規範、律令から来るものではなく、ただ個体の主観から来るものであった」[*17]。こうなると、確かに劉小楓が言うように、青年毛沢東の思想は牟宗三の超越＝内在のモデルとも遠くない（第五章参照）。毛にとって、闘争に明け暮れるパルチザン的主体は、あくまで内なる道徳によって律せられなければならない。

農村にまで動員を拡充するポピュリズム、公敵とのエンドレスな闘争（不断革命）に身を投じるシュミット的な政治、歴史の筋道をはっきりさせるダイナミックな進化論、道徳的主体である「我」の意志に根ざしたヴォランタリズム――、これらはマルクスやレーニンの唯物論の教義からはみ出している。だが、そのハイブリッドな混合が、東アジアでも屈指の戦闘的な政治家を生んだのである。毛沢東主義が山寨マルクス主義だとしても、むしろその「フェイク」の部分こそが政治の実質になるという逆説に、われわれは敏感でなければならない。

7　毛沢東主義の亡霊

皮肉なことに、階級闘争や唯物史観のように、オリジナルのマルクス主義にあった要素は中国では形骸化した。しかし、その教義から外れる剰余の部分は、そう簡単には抹消できないように思える。毛沢東の肖像画のフェイクを大量に生産したアンディ・ウォーホルは、偽物こそ本物の力をもつという毛沢東主義の核心に触れていたのではないか。

繰り返せば、毛は中国大陸を荒々しい「実験」へと駆り立てた。外圧と内戦にさらされるなか、二〇世紀の中国では民主主義のプログラムは途中で凍結され、激進主義《ラディカリズム》の奔流が社会を覆った。毛の政治的実験は、中国に消し難い痕跡を残した。毛の災厄はとっくに過ぎ去ったが、今なお毛沢東主義の亡霊は漂い続けている。

例えば、5Gやデジタル人民元を基盤とする共通の電子的プラットフォームが、一帯一路の主要な経済環境となったとき、中国のみならずユーラシアの人民が富を生む「原料」として扱われるだろう。大衆を動員するポピュリズムは、そこではテクノポリティクスと一体化することになる。その一方、高度な監視技術をもとにして、市民の「誠実さ」を評価しランクづけする中国の「社会信用体系」は、ITに補佐された道徳主義を着々と社会に広げている。今や不道徳者の烙印を押されれば、公共空間から排除され、賤民扱いされてしまうのだ。そして「政治学転回」のもとで、一部の哲学者はシュミットやシュトラウスの名のもとに、リベラリズムや啓蒙主義を「敵」として語っている。加えて、習近平の権威主義体制は毛のカムバックを草の根レベルで促し、毛を崇拝する新しい紅衛兵すら一部で生み出しているのである。

こうして、毛沢東主義のエレメントである人民、道徳、闘争は、諸世界＝諸帝国の確執のなかで再創造されつつある。毛の除霊が完了する日は、まだ遥かに遠いのである。

*1 趙汀陽『毎個人的政治』（社会科学文献出版社、二〇一四年）一一頁。趙は「友と敵の峻別」というカール・シュミットの政治概念を批判して「敵を友と化する」ことこそ中国思想の要諦だと見なしている。しかし、この一見して温和な主張は、中国政府の権威主義的な同化政策と何ら矛盾するものではない。

*2 楊儒賓『1949礼賛——中華民国の南遷と新生台湾の命運』（中嶋隆蔵訳、東方書店、二〇一八年）一九八頁以下。

*3 トロツキー「ロシアにおける発展の特殊性」『永続革命論』（森田成也訳、光文社古典新訳文庫、二〇〇八年）所収。

*4 劉小楓「従〝軸心時代〟到〝天下時代〟——論沃格林《天下時代》中的核心問題」『深圳大学学報（人文社会科学版）』（第三六巻第五期、二〇一九年）一五頁。

*5 カール・シュミット「中性化と非政治化の時代」『合法性と正当性』（田中浩・原田武雄訳、未来社、一九八三年）所収、一五八—一六二頁。

*6 レオ・シュトラウス「政治哲学とは何であるか？」『政治哲学とは何であるか？　とその他の諸研究』（石崎嘉彦・近藤和貴他訳、早稲田大学出版部、二〇一四年）所収参照。

*7 劉小楓『施特労斯的路標』（華夏出版社、二〇一一年）六七頁。

*8 以上、同前、一七六、三五四頁。

*9 劉小楓『儒教与民族国家』（華夏出版社、二〇〇七年）九八、一一四頁。劉の解釈はかなり恣意的である。とはいえ、李沢厚の見立てでも、中国共産党、国民党、新儒家のいずれもが「主観作用を強調する」点で共通していた。李によれば、中国哲学史を体系化した馮友蘭——ちなみにその著作は韓国の朴槿恵《パククネ》前大統領の愛読書であった——だけは例外的に主知主義的な傾向を備えていたが、それ以外の新儒家たちは総じて知によらない主観的な「体験」を重視した主意主義者であった。李沢厚『中国現代思想史論』（三民書局、二〇一九年）三七三頁以下。後述する毛沢東のヴォランタリズムにしても、二〇世紀の中国哲学の傾向と共鳴するものである。

*10 陳平原『作為一種思想操練的五四』（北京大学出版社、二〇一八年）一九二—一九三頁。五四の精神を擁護する知識人には、他に李沢

厚、劉再復、余英時らがいる。

＊11　カール・シュミット『パルチザンの理論』（新田邦夫訳、ちくま学芸文庫、一九九五年）「理論の展開」第四節参照。劉前掲書、二一二頁以下。

＊12　毛沢東『毛沢東語録』（竹内実訳、平凡社ライブラリー、一九九五年）四四、四八頁。

＊13　莫里斯・邁斯納（Maurice Meisner）『馬克思主義、毛沢東主義与烏托邦主義』（張寧他訳、中国人民大学出版社、二〇一三年）六四頁。

＊14　Byung-Chul Han, *Shanzhai: Deconstruction in Chinese*, tr. Philippa Hurd, The MIT Press, 2017, p.78.

＊15　スチュアート・シュラム『毛沢東』（石川忠雄・平松茂雄訳、紀伊國屋書店、一九六七年）二四二―二四四頁。

＊16　James Reeve Pusey, *China and Charles Darwin*, Harvard University Press, 1983, p.193.

＊17　李前掲書、一五七頁。

第八章　香港の創設

1　自由の後退

香港国家安全法が施行された二〇二〇年六月三〇日は、一九八九年のベルリンの壁崩壊のような派手さはないものの、歴史的な日になった。九七年の香港返還に際して、それ以降の「中国の香港化」――それはいわば「東ドイツの西ベルリン化」の極東ヴァージョンである――を期待した専門家の見立ては外れ、逆に「香港の中国化」が現実のものになりつつある。フランシス・フクヤマが「歴史の終わり」を宣言してからおよそ三〇年後、リベラル・デモクラシーの勝利の終わりこそが鮮明になっているのだ。私がここまで《ユーラシア》の名に込めてきたのも、リベラル後のイデオロギーにまつわる諸問題である。

加えて、テロリズムからパンデミックに到る脅威にさらされた民主主義の陣営でも、自由の優先順位は下落している。自由と安全を天秤にかけたとき、欧米人も含めて世界じゅうの国民は「集会の自由」や「学問の自由」を手放してでも生命の安全を選んだ。民主的に非自由を選択する――、パンデミックに直面した世界は、なし崩し的にilliberalism（非自由主義）へと傾いた。その意味でも、二〇二〇年は世界史的な分水嶺と言うべき年である。

もとより「リベラル・デモクラシー」が異質な二つの概念を組み合わせたものである以上、自由と民主が分離の局面を迎えつつあるとしても、それは十分にありそうなことである。裏返せば、自由と民主を矛盾なく接合し得るという楽観論こそが、フクヤマの歴史観を支えていた。しかし、それは錯覚にすぎない。[*1] 民主主義対権威主義という新冷戦時代のイデオロギーの争いにおいて、大きな危機を迎えているのは「自由」の理念である。

ただ、自由が後退したからといって、権威主義が盤石な体制を築いたわけでもない。フクヤマを批判する文脈で、スラヴォイ・ジジェクと浅田彰が冷戦終結直後に強調していたように、ある政治システム（当時はリベラル・デモクラシー）が勝利を収める瞬間とは、それの孕む分裂や危機が露呈される瞬間でもある。[*2] それは二〇二〇年も変わらない。新型コロナウイルスで大打撃を受けた欧米を尻目に、中国は表面上「ウイルスとの戦争」に勝利したように見えるが、それこそが新たな危機の始まりなのである。中国の強硬な態度には、この危機ゆえの焦燥感が透けて見える。

2　二〇一〇年代における「擬制の終焉」

大国の焦燥感は、局面を進める強力なアクセルとなる。興味深いことに、イギリス植民地時代の最後の香港総督であったクリス・パッテン（彭定康）は最近、インタビュアーが「未来の歴史家は、一九九七年［香港返還］時点での中国共産党が香港に対してほんの軽い接触しかしなかったこと、そして二〇一〇年代半ばからいきなり締め付けをきつくしたこと、その双方を驚くべきことと見なすのではないか」という趣旨の発言をしたのに対して「雪は解け始めると、あっという間に解けてしまうものです」という印象深い答えを返している。[*3]

二〇一四年の雨傘運動から一九年の反送中運動を経て、国家安全法施行に到った香港では、確かに通常では考えられないようなスピードで「雪解け」が進展してきた。香港市民はこの間に高濃度の歴史の作り手にして目撃者になったが、なぜこれほどまでに変化が激しいのかは、当事者にも社会科学者にもジャーナリストにも解明できそうにない。香港の現状を一〇年前に予測できた専門家は、恐らく皆無だろう。かといって、中国政府がここまで急速な変化をすべて予定していたかと言えば、そうではない。変化の主役は市民でも共産党でもなく、変化そのものなのである。

ただ、これまで雪解けを防いできたのが、政治上のプラグマティズムだとは言えるだろう。香港の「一国両制」を構想した鄧小平は一九八四年にこう述べている。

この構想は台湾問題および香港問題の解決から出発した。一〇億人を抱える大陸の社会主義制度が改変されることは、永遠にあり得ない。しかし、香港と台湾の歴史と現状に基づく限り、香港と台湾の資本主義制度の継続を保証しなければ、それらの繁栄と安定を保てず、祖国統一問題の平和的解決も不可能である。[*4]

もともと、一国両制とは、台湾と香港をその「繁栄と安定」を保ちつつ漸進的・平和的に「祖国」に組み入れる構想であり、それ自体がいわば政治的な作品であった。鄧小平が香港の「資本主義制度と生活方式」に関して「五十年不変」を約束したのも、この前例のない創作物を損ないかねない急激な変化を望まなかったためである。

鄧の真意はさておき、彼の現実的なスタンスは、香港人のプラグマティズムと照応するものでもあっただろう。イギリス植民地時代の香港人は、政治参加が許されなかったため、もっぱら経済活動に重きを置いた。それは戦後の日本人がアメリカの「核の傘」のもと、勤勉なエコノミック・アニマルとして繁栄を謳歌したこととよく似ている。返還以前の香港人は、政治的な理想ではなく、経済的な実利をとった。逆説的なことに、それがかえって、九七年時点での香港がある程度の政治的な独立性を保てる要因となったのである。

返還以降の香港人は二〇四七年まで「不変」である——裏返せば、それ以降は何の保証もない——ことが約束された一国両制の繭《まゆ》のなかで、奇妙な猶予期間に置かれてきた。その「高度な自治」なるものは、法と政治による創作物であり、それ自身ゲームであることがプレイヤーたちに了解されていたゲームでもあった。

原理的な決着を先延ばしにしたこの一国両制のゲームは、しかし二〇四七年の遥か手前の二〇一〇年代、中国が金ぴか時代《ギルデッド・エイジ》を迎え、アジアの軍事大国として君臨するなかで急速に解体された。鄧小平流の実利のゲームは終わり、中国と香港はお互いを危険な「敵」と見なす一触即発のゲームに突入していく。[*5] 中国は今やプラグマティズムを捨てて、香港という世界屈指の金融都市を実質的に失うことも辞さない。かたや、香港の若者も「攬炒《ラムチャオ》」、つまり「死なばもろとも」を合言葉に、香港経済の自爆によって親中派や共産党政権に大打撃を与えようと呼びかけているのだ。

こうして、ダークな未来が予定時刻よりずいぶんと早く、あるべきプロセスを省略して香港に襲来することになった。香港のジャーナリズムの第一線で長く活躍し「才子」と称される陶《とう》傑《けつ》がウェブ上の論説で皮肉交じりに述べたように、国家安全法の施行が示すのは、まさに香港の中国への「完全な回帰(返還)」である。[*6] 留保や順延の思想はもはや機能しない。吉本隆明の半世紀以上前の用語を使うならば、極東は二〇一〇年代末に「擬制の終焉」を迎えたのである。

3　公民あるいは new poor

二〇一〇年代における一連の大規模な民主化運動を通じて、香港人はエコノミック・アニマルから政治的人間へと劇的に変身した。それはまさに「香港覚醒」と呼ぶにふさわしい。とはいえ、彼らは無茶な要求をしているわけでもない。デモの規模の大きさにもかかわらず、雨傘運動で掲げられたのは「真の普通選挙の実現」という、それ自体は過大とも思えない公民的な権利要求であった。

しかし、中国の二〇世紀という「極端な時代」は、公民の創設を難しくした。前章で述べたように、近現代の中国を特徴づけるのは、激進主義《ラディカリズム》を背景とした数々の社会実験である。大躍進政策、文化大革命、一人っ子政策――これらの前例のないラディカルな計画は、ときに「人災」と呼ぶしかない惨禍を中国社会にもたらした。余英時によれば、二〇世紀中国の「激進化」は、一八九五年の日清戦争の敗北によって、中国の世界的位置が周縁化され「救国」が緊急の課題となったことに始まっている。[*7] 世界の中心から蹴落とされた中国は、その失地回復を実験的な社会統制によって果たそうとした。一世紀近くもエクストリームな政治の続いた中国社会では、進歩主義や民主主義が穏やかに育つような思想的環境は望むべくもなかった。

そう考えると、二〇一〇年代の香港で、普通選挙や民主化の要求が一九八九年の天安門事件以来の規模で起こったことは、中国の政治思想史において画期的な意味をもつ。[*8] しかも、この大規模なデモは望んだものというよりも、強いられたものである。大陸にコントロールされた香港政府を抑えて、公民たちの自治の力によって社会を再建する以外に、もはや香港の核心的な価値を保つ術はない――それくらいに今の香港は「がけっぷち」に立たされているのである。

その一方で、香港人はただ理念や衝動に突き動かされただけではない。というのも、香港も含めて、大衆運動はしばしば経済的変動をエンジンとするからである。

アメリカの波止場の思索家エリック・ホッファーは半世紀以上前に、広範な社会的変化の欲求がどういうひとびとから来るかを考察し、new poor と about-to-be rich を挙げた。大衆運動はスラム街で長く沈滞している貧困層からは、かえって生まれない。むしろそれまでの財産や身分を急速に失った new poor が、変革の動きに対していちばん敏感に反応する。その一方、長い停滞から抜け出したばかりの about-to-be rich も、目指すべき富の場所がようやく見え始めたことで、ダイナミックな変革への意志を強くもつことができる。

ホッファーの考えでは、社会的な不満は下降し始めた層と上昇し始めた層にこそ蓄積し、そこから変革のモチベーションが生じる。かつて丸山眞男はこの議論を踏まえて、幕末明治の new poor であった在野の「不平士族」、さらには平民でありながら財を蓄えた new rich としての地方の豪農、この双方が「ダイナミックな中間層」となって自由民権運動を牽引したと論じた。丸山によれば、彼らは社会的な流動化の最前線に立っていたからこそ、新興の政府と渡りあえるだけの知性と気力を発揮することができた。[*9]

今の香港の若者は幕末明治の不平士族と似ている。彼らは先行世代の享受できた豊かさから疎外された new poor であり、不動産価格の高騰や就職難のなかで、自らの住居を確保することも容易ではない。香港社会はもはや中間層に恩恵を与えず、豊かさを実感できなくなった若者たちの屈辱は、それ以前の富の記憶が残っているためにいっそう増大する。この文字通りの「不平」が、香港の自治に身を捧げる民主化運動のエネルギーに転化したのである。

4　本土主義の勃興

ところで、香港版の「自由民権運動」を支えるのは、公民的な価値観だけではない。その中心にあるのは「本土主義《ローカリズム》」、つまり香港の利益を第一として、香港独自の価値（法治と自由）を守り、中国からの干渉に対して防衛線を張ろうとする考え方である。もともと、難民や移民から成る香港では、社会に対する「通りすがり」の感覚が優勢であったが、一九七〇年代頃から本土意識が部分的に芽生え始めた。そして、二〇一〇年代に中国化が急速に進行するなかで、自らの居るべき場所としての本土《ホームランド》が強く自覚されるようになった。

守るべき家郷としての《香港》を再創造した本土主義は、香港のナショナリズムの背骨であり、強い結束力を生み出している。二〇一九年の反送中運動において、それまで分裂傾向にあった民主派のグループは「本土意識」のもとで統一され、中国大陸との切り離しを訴える分離主義がいっそう強くなった。つまり、本土意識の強化は、民主派内部のセクショナリズムの解消をもたらしたのである。

それは裏返せば、香港の言論界が本土主義の友と敵とにくっきり二分されつつあることを意味する。実際、盧斯達は今後の香港では政治的なグラデーションが単純化し、最後には「香港愛国者」と「中国愛国者」、この二つの立場だけが残るだろうと予測している。*10 良し悪しは別にして、中立的な立場は、がけっぷちの香港ではすでに意味をなさなくなりつつある。

本土主義の背景には、中国の政治的な圧力のみならず、生活や文化の次元で強まるプレッシャーがある。香港ジャーナリズム界の重鎮である李怡《りい》によれば、悪質な中国人観光客が増えたのに加えて、香港の病院での出産を希望する妊婦が二〇〇〇年代以降に大陸から大挙して押し寄せ、香港住民になる権利を得た。その結果として、香港の「核心的価値」を弁えずに、利益追求にあくせくする「新中国人」によって、社会がハイジャックされつつあるという懸念が強くなり、本土主義がいっそう後押しされたのである。[*11] この点で、本土主義には新住民に抵抗する旧住民の文化防衛としての一面があった。

本来ならば、観光や出産は社会のリクリエーション（気晴らし／再創造）を促すものである。しかし、少なくない香港人にとって、二〇〇〇年代以降の新中国人は、観光や出産を名目にして香港社会に無遠慮に侵入し、生活と倫理の地盤を解体する植民地主義者《コロニアリスト》に映る。これと似たことは、オーストラリアでも指摘されている。ジャーナリストのクライブ・ハミルトンは最近の著作で、北京に忠誠を誓う中国系住民の数が、オーストラリアに忠誠を誓う中国系オーストラリア人を圧倒しつつあるとして、警鐘を鳴らしていた。[*12]

リベラルな知識人であれば、これらの新中国人嫌悪を排外主義的なゼノフォビア（外国人恐怖）として強く批判するだろうし、そのような面があるのも確かである。しかし、李怡やハミルトンにとっては、優等生的なリベラルの示すゼノフォビアフォビア（外国人恐怖への恐怖）こそが、本来リベラルの敵である植民地主義の現実を見えなくし、結果的に中国共産党のプロパガンダと同じような機能を果たしてしまう。こうした危惧はあながち妄想的なヒステリーとも言い切れない。

加えて、香港の本土主義の勃興は、結果的に日本の言論界のあり方も照らし出している。李怡やハミルトンの反中的な文化防衛論は、日本のネット右翼に大いに歓迎されるだろう（現に、彼らの本の邦訳は保守系の出版社から出ている）。だが、日本のネット右翼は中国を毛嫌いするわりに、自民党の権威主義的な振る舞いには盲従し、権力への批判を嘲笑う傾向がある。彼らが香港に生まれていたら、むしろ親中派になるのではないか。

逆に、日本のリベラルは香港の市民的不服従を礼賛するわりに、中国との分離を訴える右翼的な本土主義には目をつぶっている。例えば「武漢肺炎」という言葉は、香港のリベラルなネットメディアで常用されているが、日本のリベラルにとっては、中国への憎悪を煽る差別語にすぎない。だが、香港の本土主義者からすれば、一見ニュートラルなＣＯＶＩＤ－19という呼称こそが、ＷＨＯの親中的な政治（そこには当然、台湾の排除という大問題も含まれる）を補強するものである。本土主義者は中国に対しては明白に戦闘的な姿勢で臨んでおり、それが彼らの言葉の選択にも及んでいる。

要するに、日本では右も左も、香港の現状から自らに都合のよい部分だけを読み取っている。それは香港の民主化運動のなかに、左派的な公民主義と右派的な本土主義が同居している証でもある。この螺旋状のもつれは、本来ならば左右双方を深く困惑させるものであり、しかもこのややこしさこそが、香港の現代政治の核心なのである。

5　二一世紀最初の東洋のネーション

では、この込み入った事情を思想的に考えるとどうなるか。一九七七年生まれの香港人の社会学者で、日本の言論状況にも詳しい張彧暋《ちょういくまん》は、最新の論文で、香港を「二一世紀最初の東洋のネーション」と位置づけている。[*13]

張が指摘するように、香港はもともとナショナリズムがいちばん起こりそうにない場所であった。そこで優勢であったのは、むしろ特定の国籍に紐づけられず、グローバル経済の結節点であることを善とするコスモポリタニズムである。「ナショナリズムの助けによって近代化した多数派の社会とは違って、香港はほとんど採られることのないコスモポリタニズムの道によって近代となった」。つまり、香港の特異さは、ネーションを迂回し、グローバルな開放性を備えたコスモポリス（国際都市）として近代化を果たしたことにあった。

もともと、グローバル・シティとしての香港の歩みは、一八四二年の南京条約によって清朝からイギリスに割譲されたことに始まる。これは一八五三年の黒船来航を契機に、日本が「開国」への道を進み始めたことと対比できるだろう。不思議と見過ごされがちだが、香港と日本はだいたい同じ時期に「近代の第二波」と出会っている。だからこそ、前者が都市を、後者がネーションを社会形成の単位としたという根本的な相違点も際立つのである。

香港の歴史とは、ナショナリズムを介さず都市を基体として社会を近代化する、その実験のプロセスである。この類例の少ない社会実験の結果として、香港ではよそものの受容性と競争の自由が強調されることになった。張が言うように、香港は政治的亡命者や難民の避難所、つまり「世俗的な聖域」となった一方、個人の生存主義《サバイバリズム》を中核的な価値観として育ててきた。これはまさに、香港が国民国家（領域国家）ではなく、むしろ国家と国家のあいだのボーダーランドであったことに由来する。

しかし、張彧暋の主張の核心はもう一歩先にある。張によれば、香港におけるコスモポリタニズムないしグローバリズムの優勢はあくまで歴史的な偶然にすぎず、社会的な条件が変われば、むしろナショナリズムのほうが優勢になる。繁栄と安定を背景として、香港は長らく「コスモポリタンな天蓋」に覆われてきた。しかし、横暴な香港政府によって引き起こされた、二〇一九年の相次ぐショッキングな事件は「コスモポリタニズムによって与えられたすべての心理的な限界」を破壊してしまった。その結果、本土主義がひとびとの不満の最大の受け皿となったのである。

コスモポリタニズムからナショナリズムへの転換は、香港人の言葉と行為をいっそう先鋭なものとした。象徴的なことに、二〇一九年の香港では、本土主義者の梁天琦《りょうてんき》の創作した「光復香港、時代革命」というスローガン――張はLiberate Hong Kong, the revolution of our timesという英訳を採用している――が広く流行した。あいまいさを残した「時代革命」という語にはさまざまな訳語が存在するが、「今こそ革命のときだ（Revolution Now!）」という語気も潜在させている。そして、復興や解放を意味する「光復」には、輝かしい本土＝香港を自分たちの手に取り戻し、真の自由を獲得しようという強いメッセージが込められている。

　こうして、時代を今・ここ・われわれの手に取り戻し、政治の主導権をたぐり寄せようとする本土主義の沸騰は、ナショナリズムを結晶化しつつ、ついに「革命」の宣言に到った。彼らにとって、今や《香港》そのものがすべてに勝る根本的な価値となった。フランス革命の革命歌であるラ・マルセイエーズを模倣するように、インターネットで「願栄光帰香港（香港に栄光あれ）」というアンセムまで作られ、それが瞬く間に流布したことも、瞠目すべき展開であった。それはまさに「二一世紀最初の東洋のネーション」が草の根レベルで創設されたことを、雄弁に物語るものである。

6　盲腸としての香港

　本来はナショナリズムとは無縁のコスモポリスから、強固な本土意識を備えた最新のナショナリズムが興隆する——この「ありそうもないこと」が現実に起こった香港は、進行中の作品《ワークインプログレス》として了解されるべきだろう。この「作品」は数々の偶発的なアクシデントを含む一方、もはや後戻りのできない運命の力を当事者たちに感じさせている。

　張彧暋が言うように香港のコスモポリタニズムが歴史的な偶然の産物だとしたら、ナショナリズムも本来は歴史の気まぐれのなせる業である。われわれはコスモポリタニズムが持続した別世界の香港、平和的に共存している別世界の両岸三地を想像することができる。しかし、いったんナショナリズムが覚醒すれば、それのなかった世界に戻ることは困難である。ナショナリズムは不可逆性の魔術をもつ。この魔術はナショナリズムを歴史の必然であり運命であるかのように、事後的に演出するのである。

もっとも、香港にナショナルなアイデンティティを充塡するのは、実は必ずしも容易ではない。というのも、ナショナリズムは成員の共有する物語を必要とするが、香港ではそのナショナルな物語を生み出すプラットフォームをずっと不要なものとして扱ってきたからである。しばしば「文化砂漠」と形容されてきた香港は、経済的には繁栄しているが、文化的には不毛な土地というレッテルを貼られてきた。しかも、その不毛さは、長らく植民地時代を生きてきた香港人自身によって追認されたところがある。「よそもの」たちの共同体であった香港では、文化を制度的にアーカイヴ化したり、歴史的に体系化したりする意欲がきわめて乏しかった。ナショナリズムが長く希薄であったことは、文化を保存し伝承する意欲を低調なまま留める要因になったと思われる。

文学もその例外ではない。大学にも制度上は文学科が存在しているものの、香港文学研究は一貫して低調であった。大陸、台湾、韓国、日本には香港文学の研究者がいるのに、肝心の香港で香港文学はほとんど学術的な対象になっていないということが、笑い話として語られるくらいなのである。一九七九年に創刊された『八方文芸叢刊』のように、大陸と比べても遜色のないほどに学術的な水準の高い文芸雑誌もあったが、それも稀な存在に留まった。[*14]

香港における香港文学は、学問的・社会的な理解を促すための制度化が十分に進んでいない。ただ、ここで注目に値するのは、本土意識の高まりを背景として、《香港文学》を自覚的に創設しようとするプロジェクトが近年現れ始めたことである。

例えば、香港在住の中国文学者である陳國球《ちんこくきゅう》は、一九一九年から四九年に書かれた香港の散文、小説、詩、評論を集めたアンソロジー『香港文学大系』の編者を務めているが、その際に「香港とは何か、誰が香港人なのか」という根本的な問いから始めている。「香港というたえず流動する空間において、誰が土地の真の主人なのだろうか？」と問いかける陳にとって、「土地」と「人」のつながりは決して自明なものではない。[15] 香港文学は所与の存在ではなく、むしろこれから発明されるべき対象である。つまり、香港の固有性を構成する諸条件を探求するプロジェクトによって、はじめて《香港文学》も存在するのである。

そもそも、香港で書かれてきた作品群は、中国文学の全体像を攪乱するような潜在力を備えている。中国本土では伝統的に「怪力乱神を語らず」という建前のもと、ＳＦ（科幻）やファンタジーは評価が低く、文学の担い手ももっぱら男性の士大夫に占められてきた。しかし、金文京が指摘したように、香港は倪匡《げいきょう》のような多作のＳＦ作家や金庸《きんよう》のような武侠小説作家を輩出して、中国語の文化圏に大きなインパクトを与えるとともに、張愛玲や李碧華《りへきか》ら女性作家の活躍の場も提供した。[16] つまり、中国では反主流の「怪力乱神」を語る通俗文学や女性の文学こそが、香港文学を特徴づけたのである。

香港文学は中国文学のネガである。香港というマイナーな異物を無視すれば、すっきりした中国文学史を描くことができる。しかし、金庸や張愛玲のような巨匠を中国文学のフィールドから除外することは不可能である。してみると、通俗作家や女性作家も含んだ《香港文学》の創設は、中国文学の通念を攪乱し、いわば異化するプロジェクトに近くなっていくだろう。そして、それは《香港》の創設のもつ政治的な意味とも重なりあう。

　中国文学史の流暢な語りは、マイナーでありながら独自の個性をもつ香港文学を組み入れた途端、どもらざるを得ない。そのことを踏まえて、陳國球は香港文学を「盲腸」にたとえた。[*17]この絶妙な比喩は、文学のみならず政治の理解にも役立つ。香港という地理的な突起物は、今や中国にとって最大の異物である。中国はこの小さな「盲腸」をむりやりにでも手術して、さっさと除去したい。しかし、この荒療治がかえって香港の本土主義を活気づけ、中国という身体に不快な疼痛《とうつう》を与え続けているのである。

＊1　例えば、筋金入りの自由主義者F・A・ハイエクにとって、自由はたんなる価値ではなく、諸価値の源泉であり、したがって民主主義よりもいっそう根源的なものである。ハイエクの考えでは、民主主義は手段であって目的ではない。民主主義の本質は意見を作りあげる動態的なプロセスにあり、その利点は国民の大部分がそのプロセスに参加できることにあるが、民主主義の多数決の原理は自由（他者の恣意的意志からの独立）を犠牲にする可能性ももつ。詳しくは『自由の条件Ｉ』（気賀健三・古賀勝次郎訳、春秋社、一九八六年）第七章参照。

＊2　浅田彰『「歴史の終わり」を超えて』（中公文庫、一九九九年）五四頁以下。

＊3　Jeffrey Wasserstrom, *Vigil: Hong Kong on the Brink*, Columbia Global Reports, 2020, p.36.

＊4　『鄧小平論香港問題（第二版）』（三聯書店［香港］、二〇一八年）一〇頁。

＊5　加えて、台湾海峡の軍事的緊張も高まっている。かつて台湾国民党は「反攻大陸」を掲げて、中国共産党への闘争心を鮮明にした。しかし、台湾の自律性を現実的に保とうとした李登輝以降は、戦争への意欲は低減する。中国に接近した馬英九になると、中国との戦争回避は当然の命題となった。
　しかし、この路線も大きな転機を迎えている。馬英九政権下で文化部長を務め、台湾や香港の文青（文学青年）のあいだで根強い人気を保ってきた作家の龍應台《りゅうおうだい》が、二〇二〇年一〇月に「何があろうと、私は反戦である」とフェイスブックにポストしたことに対して、台湾や香港のネット市民からは強い反発が寄せられた。龍のように無条件の「反戦」を語るのは、香港のがけっぷちの闘争を打ち消し、中国への服属を追認するだけの「偽善」と受け取られるのである。

＊6　陶傑「香港完全回帰了」（『ＣＵＰ』二〇二〇年六月一九日付の記事）
https://www.cup.com.hk/2020/06/19/us-china-hawaii-talk-trade/
　なお、多忙な香港社会では、瞬発力で勝負するコラムの「雑文」が栄え、シャープで簡潔な言葉で現実を批評してみせる多くの達人たちを生んだ。今はそれがインターネットに移行し、香港の政治批評の星座を形成している。文学史的に言えば、この短く軽妙な雑文のスタイルは、明末に流行した小品文を連想させるものである。詳しくは、金文京「香港文学瞥見」可児弘明編『香港および香港問題の研究』（東方書店、一九九一年）所収参照。

＊7　余英時「20世紀中国的激進化」『人文与理性的中国』（聯経出版、二〇〇八年）五五四頁以下。

＊8　もともと、公民的な徳をいかに涵養するかは、近代中国の初期の進歩派にとって大きな課題であった。福沢諭吉の『文明論之概略』以来、明治の言論界で「公徳」が流行の概念になったのを受けて、二〇世紀初頭に梁啓超は『新民説』でその導入を図った。梁にとって、公徳（civic virtue）は、集団主義的・国家主義的なイデオロギーよりも、個人が公共の利益に対して果たすべき責任、つまり社会倫理や公益心と結びついていた。詳しくは、陳弱水『公共意識与中国文化』（聯経出版、二〇〇五年）参照。

＊9　エリック・ホッファー『大衆運動』（高根正昭訳、紀伊國屋書店、二〇〇三年）第二部参照。丸山眞男『忠誠と反逆』（ちくま学芸文庫、一九九八年）六〇頁以下。

＊10　盧斯達「為何中国此時推動香港「真正回帰」？中美脱鉤大歴史下的解釈」（『立場新聞』二〇二〇年五月二六日付の記事）。https://www.thestandnews.com/politics/為何中國此時推動香港-真正回歸-中美脫鉤大歷史下的解釋/

＊11　李怡『香港はなぜ戦っているのか』（坂井臣之助訳、草思社、二〇二〇年）第三・四章参照。

＊12　クライブ・ハミルトン『目に見えぬ侵略——中国のオーストラリア支配計画』（山岡鉄秀監訳・奥山真司訳、飛鳥新社、二〇二〇年）二一頁以下。

＊13　Yuk-man Cheung, "Liberate Hong Kong, the revolution of our times": the birth of the first Orient nation in the twenty-first century, in Liah Greenfeld & Zeying Wu (eds.), *Research Handbook on Nationalism*, Edward Elgar Pub., 2020. 以下の張彧暋の見解は、すべてこの論文からの引用である。

＊14　呉美筠編『香港文学的六種困惑』（商務印書館［香港］、二〇一八年）八頁以下。陳國球

『香港・文学——影与響』（練習文化実験室、二〇一七年）一三五頁。

＊15　陳國球「香港？香港文学？」陳國球・陳智徳他編『香港文学大系——導言集』（商務印書館［香港］、二〇一六年）二〇頁。

＊16　金前掲論文参照。金は香港を、かつてシルクロードの交易都市であった敦煌に類比している。なぜなら、唐代の敦煌も二〇世紀の香港と同じく、外来文化との接触のなかで、多民族多言語の社会を形成し、通俗文学（いわゆる敦煌変文）を育んだ賑やかな国際都市であったからである。香港の遠い先祖としての敦煌は、香港が歴史の孤児ではないことを示している。

＊17　謝曉虹「時間游民——一九一九至一九四一的香港小説」前掲『香港文学大系——導言集』一一一頁。

第九章　協力者・亡命者・哲学者——遺民の政治学

1　二〇世紀の脱領土化、二一世紀の再領土化

香港で勃興した本土主義は、日本の幕末の攘夷運動を思わせるような強い動員力をもつ政治思想である。民主化を求める香港の多くの若者は香港をホームランド（本土）と、香港人をネーション（民族）と見なし、中国への抵抗の拠点としている。中国共産党のコントロールを排して、自由と法治を保つために、彼らは《香港》を熱心に再創造し、その主権者となることを目指してきた。

そのことを象徴的に示すのが、雨傘運動において、中環《セントラル》のような金融街に加えて、彌敦道《ネイザンロード》のような幹線道路が「占領」の対象になったことである。若いデモ隊は、テレグラムやフェイスブックを活用し、占領した公共空間を居住空間に変えながら、真の普通選挙の実現を求めた。ヨーロッパ的な広場をもたない香港で、道が臨時の政治的空間に——寝泊りや学習も可能なインスタントな広場に——変貌したのである。それはまさに本土創設のデモンストレーショ

ンと呼ぶにふさわしい。こうした「再領土化」(ドゥルーズ&ガタリ)の動きは、アメリカ、スペイン、香港等で「オキュパイ」の掛け声が連鎖した二一世紀のグローバルな政治を特徴づけている。[*1]

ただ、これまでの香港はむしろ、本土をもたない移民や難民を受け入れる自由都市であり、国家の領土の隙間に生息する高度な金融都市であった。それは、グローバルな資本の発達によって「脱領土化」が加速した二〇世紀の所産である。その香港ですら本土主義をもとにしたナショナルな結合が主張されていることは、二一世紀の再領土化——そこには各国の右傾化や原理主義の台頭も含まれる——の勢威を証明するものだろう。

二一世紀の政治的人間たちは、生存を賭けて、自らの領土の確保や拡張へと舵を切っている。そのうち最大のスケールのものが、ユーラシアの技術と金融のインフラを握ろうとする中国の帝国主義的なテクノポリティクスであり、その最新のヴァージョンの一つが香港ナショナリズムである。世界的に見ても、左翼と右翼はともにポピュリズム的な動員を通じた領土化に駆り立てられており、リベラルな「中道」はその穏健な特性を失いつつある。

ウォーラーステインによれば、ヨーロッパ由来のリベラリズムが近代の中心的な文化として君臨したのは、一七八九年のフランス革命から一九六八年までのおよそ二〇〇年間である。フランス革命を経て、近代は「変化」を望ましい価値とするようになったが、それが行き過ぎると社会は崩壊するので、中道のリベラルは変化のコントロールを求めた。「政治的イデオロギーとしての自由主義《リベラリズム》の戦略は、変化を管理するということであった」。そして、この「変化の管理」は社会秩序についての体系的な知識を要求するため「社会科学は、自由主義《リベラリズム》という企てにとって絶対的に不可欠なものだったのである」[*2]。現に、フランス革命とその後の騒乱への反省は、科学的な認識論（実証主義）を敷衍したオーギュスト・コントの社会学をはじめ、厳密な社会科学の建設を促すことになった。

しかし、穏健な中道を時代遅れにする二一世紀においては、リベラリズムと社会科学の連携をもってしても、政治の加速を制御するのは難しい。変化を抑える箍《たが》はすでに外れてしまった。アカデミックな学問は、過去から未来を類推するという連続性の観念を保とうとしているが、それは容易には成立しない（古い知見を恭しく扱う教養主義が空転しがちになる一因も、ここにある）。変化があまりに急に進むとき、学問的な予測が裏切られることが、むしろ常態化するだろう。

2　占領地の《協力者》たち

事態が目まぐるしく揺れ動くなか、本土の創設がホットな論題となった今となっては、二〇世紀の歴史的体験はいくぶんノスタルジックな色彩を帯びつつあるように思える。ただ、それでも戦争や迫害、あるいは他国の占領によってホームランドを失った前世紀の亡命者や難民、つまり「脱領土化」を体現するひとびとは、そう簡単に忘れ去られてよいものではない。

特に、一九三〇年代以降の日本による中国侵略と占領、さらにそれに続く国共内戦は、中国人にとってはまさに「本土」を失いかねないショッキングな出来事であった。にもかかわらず、一部の知識人がときにこの自己喪失と国土分断の危機をチャンスに変えようとしたことは、思想史上の興味深いエピソードである。私は以下、二一世紀の本土主義者とちょうど対照的な存在様式として、二〇世紀中国の《協力者》と《亡命者》と《哲学者》について、ごく手短に言及しておきたい。結論から言えば、それは二一世紀の香港を、二〇世紀の政治思想を鏡として問い直す作業となるだろう。

ここで言う《協力者》とは、日本の樹立した傀儡《かいらい》政権に参加した中国人のことである。満州国の存在があまりにも目立つせいで忘れられがちだが、一九三〇年代の日本は中国大陸にいくつかの傀儡政権を樹立した（なお、中国では日本占領地を「淪陥区《りんかんく》」と呼ぶ）。そして、これらの占領地には中国人の対日協力者がいたが、彼らの多くは戦後に「漢奸《かんかん》」（売国奴）の汚名を着せられて処刑され、戦後の言論空間においてまともに評価されることはほとんどなかった。

しかし、彼らは日本に対してただ従属的であったわけではない。このテーマを研究する中国史家の関智英《せきともひで》は、対日協力者たちがしばしば傀儡政権を利用して、それぞれ政治的なヴィジョンを思い描いていたことに注意を促している。関によれば、彼らはときに「山師」すれすれの存在であり、その政治構想も現実離れしていたが、それでもたんに祖国を裏切った打算的な「漢奸」として断罪するのは、彼らへの公正さを欠いている。なぜなら、服従と利用、協力と抵抗のあいだにはグレーゾーンが広がっていたからである。

例えば、一九三五年に河北省の通州に樹立された冀東《きとう》政府——そこでは名目上「防共」が掲げられていた——には、殷汝耕《いんじょこう》が首班として、その親友である池宗墨《ちそうぼく》が秘書長として参加した。彼らは国民党を批判しつつ「王道」や「孔孟の道」に基づく国家建設を主張したが、日本の敗戦に伴って処刑された。とはいえ、彼らが日本のコントロール下に置かれた傀儡政権の中枢で、儒教の王道政治の夢と近代の国民国家の現実を接ぎ木しようとしたことは、たんなる「親日」や「日本追従」に留まらない事例として、注目に値するだろう。

あるいは、もともと孫文の信任を得て、ジャーナリスティックな革命家として活動した伍《ご》澄宇《ちょうう》は、南京の親日的な維新政府および汪兆銘《おうちょうめい》政権に仕えた。孫文の継承を掲げた汪兆銘の政権は、蔣介石の政権に比べても、伍の信条に近いものであった。伍のように、国民党とも共産党とも相容れなかったひとびとにとって、傀儡政権は将来の中国の望ましい政体について議論する、その格好の受け皿となったのである。[*3] 汪兆銘にせよ、孫文の三民主義のスポークスマンで汪の後継者となった周仏海《しゅうふつかい》にせよ、代表的な「漢奸」として悪名高いが、彼らの政権に革命の続行を期待する知識人が集まっていたことは重要である。

歴史家のティモシー・ブルックが言うように、敵国とのコラボレーション（協力）には道徳的堕落というタグ付けがされる。その場合、道徳的な正しさは国家への忠誠の深さと一致する。つまり、道徳的主体のなすべきことは、何よりもまず自国の維持や防衛と見なされ、それ以上に重要な要求は存在しなくなるのである。[*4] モラルとナショナリズムが固く結びつくとき、傀儡政権に仕えた《協力者》は反道徳的な売国奴として、その思想の検証もろくになされないまま、留保なく叩きのめされることになる。

しかし、道徳化したナショナリズムをいったん脇におくと、別の景観が浮かび上がってくる。関の研究が示すのは、親日的な政権が図らずも、中国の政治構想を展開するプラットフォームになったことである。その構想には革命（共和主義）から反革命（儒教的保守主義）までグラデーションはあるが、中国大陸にありながら中国人の支配の及ばない「占領地」がかえって《協力者》たちの政論の解放区となったことには、歴史の逆説を感じずにはいられない。彼らを卑劣な裏切り者として断罪するだけでは、このような景観は見えてこない。

3　総動員帝国の統治術

さらに、日本およびその占領地を利用したのは、今や忘却された《協力者》たちだけではない。例えば、辛亥革命の指導者となった孫文は、香港で教育を受け、日本に亡命するなかで共和主義的な政治構想を育んだが、「中華の回復」という大目標をもち続けた一方で、時期に応じて主張を変えることも厭わなかった。

中国史家の深町英夫によれば、この変転の激しさは、孫文の言説が「宣伝言語」であり、彼の革命運動の本質が「宣伝と動員」にあったことを示している。[*5] 孫文は体系的な思想家ではなく、そのつどの政治の風向きを読みながらプロパガンダを続行する革命家であった。そのことは、彼が移民さらには亡命者として、脱領土化のプロセスを生き抜いたことと切り離せない。

「孫大砲」という綽名《あだな》でも知られるハッタリ屋の孫文は、中華民国の建国を果たしたから英雄的な革命家として評価されているが、もし失敗していれば《協力者》と同じく法螺吹きの「山師」として扱われただろう。

もとより、カオスが続く限り、ガバナンス（統治）の正常化要求も止まることはない。近代中国の《協力者》や《亡命者》は、政治的な分裂や混乱を鎮めるための統治術を、ときに孔孟の道に、ときに共和主義に求めた。むろん、対日協力者と孫文のような亡命者とでは境遇が違うとはいえ、本土から切り離されて、外国勢力に近づいた寄生者《パラサイト》たちが旺盛に政治構想を語ったことは、改めて注目されてよい。

その観点から言えば、一九三二年に建国された満州国に協力した中国の知識人、すなわち羅《ら》振玉《しんぎょく》や鄭孝胥《ていこうしょ》らも問題含みの存在である。彼らはもともと清朝に深い愛着をもつ「遺民」——滅亡した前王朝の遺臣で、新王朝に仕えることを潔しとしない知識人を指す——であり、中国の共産化に対して強い警戒心を抱いていた。

特に、鄭孝胥は「反共」の姿勢を鮮明にしながら、共和→共産→共管（列強による中国の共同管理）という三つの「共」を経て、ついには清朝が復興されると予言していた。共産主義を恐れ、帝制の回復および「賢人の治」を求めた彼が、清朝の「ラストエンペラー」である溥儀《ふぎ》を擁立した満州国を、中華文明の失地回復の拠点として評価したことは、さほど不思議ではない。「満州国は皇帝を中心とし、王道を主義とする」と宣言した鄭は、近代の時間を逆行させ、失われた政体を再興しようとしたのである。[*6]

むろん、満州国が「王道楽土」や「五族協和」を掲げたことは、日本の大陸進出を美化するキャンペーンの一環であった。それでも、羅振玉や鄭孝胥ら清の遺民は、プロパガンダで武装した最新の人工国家である満州国に帝制回復の夢を投影し、皇帝を中心とする政治の再現を企てた。それは文字通りのアナクロニズム（時間錯誤）である。クリストファー・ノーラン監督の実験的な映画『テネット』（二〇二〇年）さながら、満州国には順行する時間と逆行する時間が混線していた。

当時の満州国は、生活から娯楽、思想にまで及ぶ多様な領域に働きかける「総動員帝国」の様相を呈しており、日本本国もその重力に巻き込まれた。満州国研究者のルイーズ・ヤングによれば、ふつうは侵略者と目される日本も、満州国という魅力的な植民地に逆に吸引される形で、劇的な変容を蒙ったのである。鄭孝胥らのユートピア願望も、帝国の全体を資源として動員し続ける、満州国の貪欲な力によって引き出された一面があるだろう。

しかも、その貪欲さには近代の本質が濃縮されている。というのも、ペーター・スローターダイクが指摘したように、終わりなき動員（＝潜在的なものの顕在化）こそが近代性の基本的なプロセスだからである。[*7] 軍事、経済、文化、教育、娯楽等の近代の諸部門は、社会の潜在能力を広域にわたって徴発し、可視化し、利用するように駆り立てられており、今はインターネットがその道具として加わった。総動員帝国としての満州国は、この徴発のプロセスを先鋭化させた近代の化身である。

ただ、清の遺民が日本の軍事力や動員力に依存しながら、伝統的な王道政治の回復を夢見たことには、明らかに矛盾がある。当時の魯迅は、満州国の文人たちを痛烈に批判し、王道が体の良いプロパガンダにすぎないことを見抜いていた。「中国の王道は覇道と対立するように見えて、実際には兄弟であり、この王道の前後には必ず覇道がやってくるのである」[*8]。この鋭い批判は、かつての満州国の《協力者》のみならず、王道政治の復活を謳う今の大陸の政治儒家にも突き刺さるものだろう。

4　中国の遺民、フランスのコラボ

占領はさまざまな未解決の問題を含んだ政治学的テーマである。戦時下のコラボレーションには本質的にあいまいなところがある。もし祖国が堕落し、忠誠に値しないのであれば、祖国を裏切ることが道徳的非難を浴びるいわれはない。といって、《協力者》が打算や保身とまったく無縁というわけでもない。さらに、占領は被占領者から自由を剝奪することも多いが、日本の樹立した傀儡政権のように、比較的統制のゆるい言論空間を生み出すケースもある。

しかし、占領のもつ多義的であいまいな部分は、かえって当事者の日本では十分に理解されていない。戦時下の中国での占領体験は、一九四五年の敗戦に続くアメリカ軍による占領というマゾヒスティックな体験によって上書きされた。戦後日本の出発点は、このみじめな被占領者の身分からどう立ち直るかにあった。だが、そのせいで、日本が中国では占領者であり、国家建設の主体であり、現地にも《協力者》がいたことは目立たなくなった。

戦後日本の自己意識は、戦争加害者としての悪い日本と戦争被害者としての憐れむべき日本に二極化した。しかし、このような座標のなかに、悪い日本を支持した中国の《協力者》たちの場所はない。彼らは中国では憎むべき「漢奸」として明示的に抑圧され、戦後日本では扱いにくい存在として暗黙のうちに排除された。一九五〇年代にはまだ吉田茂や中曽根康弘のように、対日協力者たちを話題にする有力な政治家もいたが、それ以降《協力者》は戦時下の中国における言論もろとも不可視化されていく。[*9] これは日本の戦後思想の大きな暗部である。

では、遺民や対日協力者を、改めて思想的にどう位置づければよいだろうか。ここでヨーロッパとの比較を交えるのは有益だろう。第二次大戦中のヨーロッパで対日協力者に対応するのは、ナチスの傀儡政権であるヴィシー政権を支持したフランスの対独協力者、いわゆる「コラボラトゥール」である。かつて福田和也が論じたように、彼らは近代フランス思想史の生んだ鬼子でもあった。

福田はフランスの「伝統的人文主義の精華」でありながらドイツに協力したリュシアン・ルバテやロベール・ブラジヤックら「コラボ」作家が、なぜナチスの卑しい反ユダヤ主義に手を貸したのかと問うた。福田の考えでは、それは彼らがフランスにおける「反近代主義、反ヒューマニズム」のエコール（学校／流派）に属していたことに由来する。つまり、彼らは人文主義に育まれた天分豊かな作家である一方、人間主義を軽蔑しており、この二重の意識が、反人間主義的なナチスへの協力に彼らを導いたのである。しかも、この種のヒューマニズム嫌悪は、ナチスとともに消滅したわけではなく、構造主義以降のフランス現代思想にも深く染み込んでいた。[*10]

それに対して、中国の対日協力者たちに、伝統的なヒューマニズムを揺るがすような危険思想を見出すことは難しい。先述したように、冀東政府や満州国の《協力者》は、むしろ復古的な性格をもっていた。彼らが復活させようとした儒教の人文主義的な政治思想は、道徳的な王道を訴えるものであり、フランスのコラボ作家のもつ過激さとは無縁であった。

ただ、ここで思想史的な見地から注目に値するのは、《協力者》のアナクロニズムがしばしば遺民の存在様式から来ていたことである。例えば、著名な中国文学者である王徳威《おうとくい》は、ハイデッガーの存在論（ontology）を改鋳したジャック・デリダの憑在論《ひょうざいろん》（hauntology）を念頭に置きながら、遺民を過去に憑依され、時間の迷子になった亡霊的存在として位置づけている。王の考えでは、台湾はまさにそのような亡霊＝遺民の滞留先となった。

台湾は歴史の転換点において、移民と遺民を同時に受け入れた。前者が空間的転換を体験したとすれば、後者は時間的分裂の立会人である。

王徳威によれば、遺民たちは「時間の関節の外れた政治主体」であり、「歴史の廃墟」のなかで、新しい世界に適応できず、さりとてもとの世界に回帰したくともできないというジレンマを抱えている。[*11] 過去に何度も王朝の滅亡を経験してきた中国は、文明の解体というトラウマを抱え込んだ遺民の知識人たちを生み出してきた（孔子も殷の遺民と称したと伝えられる）。

新王朝を拒んだ彼らは、社会的な時間の流れからドロップアウトし、文学的・芸術的な想像力のレベルで別の天地を象ることもあれば、実際に国外に亡命することもあった。

例えば、日本に渡来した儒者の朱舜水《しゅしゅんすい》や、台湾に逃れた詩人の沈光文《しんこうぶん》は、ともに明の遺民であった。このうち朱舜水は徳川光圀に厚遇されて、楠木正成の忠義を顕彰する碑文を書き、水戸学――幕末の「尊皇攘夷」に学問的根拠を提供し、明治維新の原動力となった――の形成にも影響を与えた。異民族王朝（清）に支配された中国社会との絆を断たれ、時間の関節の外れた異邦人として生きざるを得なかった朱舜水が、結果として近代日本のナショナリズムのゴーストライターとなったことは、遺民の情念が東アジアの政治史に与えた震動の大きさを物語るものだろう。

5　亡霊たちの連帯

ところで、日本に亡命した遺民の《協力者》と言えば、汪兆銘政権のもとで政論家として名を馳せ、戦後に漢奸の汚名を着せられた一九〇六年生まれの胡蘭成《こらんせい》（張愛玲の最初の夫でもある）を欠かすことができない。胡は汪のもとで宣伝部の高官として活躍したが後に政権を離れ、戦後は日本に亡命して、保守派の日本人の庇護のもとで日本語の著作を残した。彼が保田《やすだ》與重郎《よじゅうろう》や尾崎士郎、岡潔《おかきよし》らの知遇を得るとともに、その書を川端康成に絶賛されたことは、しかし今や日本ではほとんど忘れ去られている。*12

日本で少数の理解者を得ただけの胡蘭成は、政治的にはまるで無力であった。にもかかわらず、彼は政論家として巨大な展望を語ることをやめなかった。彼が一九六八年に日本語で刊行した『建国新書』(その序文は保田與重郎が書いており「胡先生は天成の詩人にして、当今東洋の最高学人であって、国を持たない亡命の人である」「先生の日本文学の理解についてのみならず、その発想に於てすでに私は親近感をもつてゐる」等と賞賛している)は、古代的な政治制度の復活を臆面もなく主張したものである。

わが建国の覚悟は先づ憲法や議会を否定し、政権でないこと、士が政を為すことを示すことである。日本では祭政一致之道、中国では礼楽の治、といふのを明白な新しい言語で示すことである。新政治の精神は中国で黄帝を、日本で神武を紀元とすべきである。新政治の制度は日本で明治十年までの朝廷の草創から、中国で孫文の五院制の草創からやり直すべきである。

胡の考えでは、日本の祭政一致と中国の礼楽は、根幹のところで共通している。彼はこの共通のルーツを足場としながら、日本での天皇親政および中国での元首の終身制を主張する一方、憲法や国会の廃止を求めた[*13]。西洋化によって失われた儒教的な政治制度を、まさに遺民の立場から回復することが、ここで企図されていたのである。

祭=政のロマンティックな再統一を訴える胡蘭成の復古的な論調は、「文明開化」以降の日本を批判した保田與重郎の政論とも重なりあう。戦時下の保田は日本浪曼派の総帥として、多くの若者を引きつけたが、戦後はGHQによって「戦争協力者」としてパージされた。したがって、対日協力者であった胡蘭成が、保田を自らの思想的同胞として見出したことには、戦後の片隅に生きる亡霊どうしの連帯という一面があっただろう。

ここで注目に値するのは、彼らの思想が文体的なレベルで表現されたことである。保田與重郎の晦渋《かいじゅう》な文体は悪名高い。しかし、思想史家の橋川文三が言うように、その得体の知れない奇怪な文章は、戦時下の混乱を忠実に映し出してもいた。保田は自らの論説文を、じっくりと熟成させ珠玉の名品に仕立てる代わりに「いらだたしく」形にすることを選んだ。本人が認めるように、保田の文体は品がなく衝動的でヒステリックだが、その「拙速」への開き直りこそが、橋川をはじめ青年読者の「時代の不安と危機感」と共振したのである。[*14]

その一方、胡蘭成の文体については艶めかしい抒情が注目され、作家の余光中《よこうちゅう》らはその陶酔的な書きぶりに潜む「狡猾さ」を糾弾した。胡も保田と同じく、合理化された散文を拒絶し、アカデミックな実証の手続きも無視して、歴史を中華文明の遺民の情緒によって染め上げた（それは胡の特異な中国文明史『山河歳月』にも示されている）。読者をときに洗脳し、ときにひどく苛立たせる二人の異常なスタイルが暗示するのは、彼らにとって、西洋化が凄まじい犠牲を生んだトラウマ的災厄であったことである。彼らの文体のいびつさや自己陶酔は、東洋の文明そのものと一体化し、その崩壊に過敏に感応してみせる書き手のパフォーマンスの所産であった。

6　異郷の《哲学者》のペシミズム

さらに、胡蘭成が日本にいながら、もう一人の亡霊的な《亡命者》と親しく書簡のやりとりを続けていたことも、注目に値する。それが、すでに本書でも言及した一九〇九年生まれの哲学者の唐君毅である。

唐も戦後に大陸から香港に渡った亡命知識人であり、台湾の牟宗三とともに二〇世紀後半の新儒家の指導的存在となった。牟と同じく、唐にとっても道徳的主体の建設が至上命令となり、儒教や仏教がその思想資源となった。しかも、その「徳」の力は人間社会だけで終始するわけではない。唐の哲学は「心霊」を基体とする「感通」（英語では sympathy や empathy に当たる）の力を、宇宙の万物にまで認めるところに特色がある。感通は人間と人間だけではなく、人間と物、物と物のあいだでも生じる。

さらに、その心霊も循環的なプロセスを内包している。汎心論（万物に心的な実質を認める立場）に通じる唐の見解によれば、自然界の事物においては、心霊の「開発」（一を多と化すこと）と「凝集」（多を一に結合すること）がたえまなく生じている。万物は開発によって生じ、凝集によって成る。開発は動、熱、陽光、春夏に、凝集は静、冷、夜、秋冬にそれぞれ対応しており、宇宙に生命のリズムを刻んでいる……。しかし、人間の心霊においては、この「一」と「多」を行き来する自然の運行にしばしば障害が起こり、開発は「閉塞」に、凝集は

「流蕩《りゅうとう》」に転じてしまう危険性が大いにある。それゆえ、人間の心霊の正常化のためには「中道」と「師友」を欠かすことができない。[*15]

このような流体的な宇宙像ゆえに、唐の哲学はしばしばホワイトヘッドのプロセス哲学との類縁性が指摘される（ただし、牟宗三と同じく唐君毅もヨーロッパへの留学経験はない――それでいて、彼は三〇歳になる前にすでに自己の立場を確立していた早熟の哲学者であった）。[*16] ホワイトヘッドの哲学が西田幾多郎の哲学とも似ていることを思えば、唐を西田以来の京都学派と並行する思想家と見なすことも、十分に可能である。

その一方で、唐君毅の哲学は根深いペシミズムに囚われていた。唐は五四時期の啓蒙主義的な伝統批判を経て、ついに「マルクスの奴隷」と化した中国を強く批判したが、そこには強烈な絶望感が伴われていた。というのも、彼の考えでは、二〇世紀を通じて中華文明の伝統は根こそぎにされ、もはや取り返しがつかない規模で壊されたからである。唐にとって、それはまさに心霊に「閉塞」と「流蕩」をもたらすものであっただろう。

それでも、唐はまさに中華文明の「遺民」の立場から、儒教の霊魂を《中国哲学》として再生しようとした。唐には「花果飄零《かかひょうれい》、霊根自植《れいこんじしょく》」という有名な言葉がある。これは中華文明の花は散り落ち、さまよっているが、その霊は新たな環境で根を張るだろうという意味である。彼が国学者の銭穆《せんぼく》とともに「新亜書院」の設立に関わったのも、中華文明の精神＝霊を大陸の外で生き延びさせるためであった。

唐たちは「書院」という実践を重んじる伝統的な教育システムをもとに、そこに西洋の大学の教育方法も取り入れながら、儒学の叡智の伝承に取り組んだ。中国と西洋の人文主義を対話させる、文字通り「新たなアジア」の精神的プラットフォームたらんとした新亜書院は、牟と唐を中心とする新儒家の拠点となった。一九六〇年代に入ってからは、新亜書院は他の書院と合併して香港中文大学へと発展し、今に到っている。

だが、唐自身が認めるように、この文化保存の試みが香港社会の十分な理解を得たとは言えない。唐にとっても、香港には中華文明を生き延びさせる土壌以上の意味はなく、足元の香港文化はたんに俗悪なものにすぎなかった。[*17] さらに、新亜書院そのものも、財政的にはアメリカの非政府組織である雅礼《イェール》協会から支援を受けていた。唐の理想は一見すると超脱的に見えるが、実際には冷戦期のアメリカの反共政策とも無関係ではなかった。

してみると、中華文明の無力な遺民である唐君毅は、瀕死の伝統を背負って悪あがきをしていただけの保守反動の思想家にすぎない――そういう冷たい見方もできるだろう。ただ、胡蘭成や保田與重郎の政論と同じく、唐の哲学も根本的に時代錯誤であるがゆえに、文人の運命を引きちぎる近代の暴力を照らし出していたところがある。胡、保田、唐はいずれも東洋文明の遺民にして時間の《亡命者》であり、後にも戻れず先にも進めないというジレンマを体現していた。だからこそ、彼らは進歩主義や共産主義に抗して、日の当たらない辺境で文明の「霊」を保存するように急き立てられたのである。

7　二一世紀の遺民？

戦争と革命に翻弄され、ホームランドを喪失しながらも、政論や文明論を熱心に語った《協力者》と《亡命者》と《哲学者》。彼らの思想的な営みは、本土主義が興隆する今となっては時代の徒花《あだばな》にも映る。にもかかわらず、亡霊たちの遺産がすっかり清算されたわけではない[*18]。特に「亡国の民」としての遺民は、むしろ差し迫ったテーマとして再浮上しているのではないか。

繰り返せば、二一世紀の再領土化の競争はいっそう熾烈なものとなっている。東アジアの政治の時間は「変化の管理」を不可能にする速度で突き進む一方、イデオロギー的には新保守主義や帝国主義への逆行（inversion）も起こっている。まさにクリストファー・ノーランの映画のように、時間のコントローラーが壊れて、歴史の前進と後退が激しく接触するという、ありそうもないことが現実になっているのだ。われわれは歴史的な定位置を失って、王徳威の言う「時間の遺民」と化したかのようである。

がけっぷちの香港では、この「ありそうもないこと」は容赦のない圧政として現れている。仮に中国共産党が香港の実権を完全に握ることになれば、そこには中国への《協力者》と香港からドロップアウトする《亡命者》が生まれるだろうし、場合によっては異郷で思索する《哲学者》も出てくるだろう。つまり、これまで移民や難民を受け入れ、故郷喪失にまつわる情念も蓄えてきた香港から、今度は二一世紀の遺民が生まれるだろう。むろん、それは一つの可能性にすぎない。ただ、異郷の《哲学者》の残した「花果飄零、霊根自植」という暗号が生き続けていることだけは確かである。

*1 詳しくは、福嶋亮大「香港のストリートから考える」『百年の批評――近代をいかに相続するか』（青土社、二〇一九年）所収参照。

*2 イマニュエル・ウォーラーステイン『新しい学――21世紀の脱＝社会科学』（山下範久訳、藤原書店、二〇〇一年）二五九頁。

*3 以上、関智英『対日協力者の政治構想――日中戦争とその前後』（名古屋大学出版会、二〇一九年）一九、三九、四五、一〇一、三三二頁。

*4 Timothy Brook, *Collaboration: Japanese Agents and Local Elites in Wartime China*, Harvard University Press, 2005, p.4.

*5 深町英夫「解説」『孫文革命文集』（岩波文庫、二〇一一年）四五八頁以下。

*6 林志宏『民国乃敵国也――政治文化転型下的清遺民』（聯経出版、二〇〇九年）三三四、三五九頁。

*7 L・ヤング『総動員帝国――満洲と戦時帝国主義の文化』（加藤陽子他訳、岩波書店、二〇〇一年）二七八頁。Peter Sloterdijk, *Infinite Mobilization: Toward a Critique of Political Kinetics*, tr. Sandra Berjan, Polity Press, 2020, p.10.

*8 林前掲書、三五三頁。

*9 関前掲書は一九五二年の衆議院における、中曽根康弘と当時の吉田茂首相のやりとりを紹介している（四五九頁以下）。サンフランシスコ講和条約を経て独立国となった日本は、苦境にある対日協力者を保護すべきではないかと中曽根が質問したのに対して、吉田は時期尚早と答弁した。政府が「漢奸」を表立って援助するのは対中関係上、難しかったからである。しかし、その吉田は汪兆銘政権に仕えた後に日本に亡命した曹汝霖《そうじょりん》を支援し、鎌倉に住まわせていた。これは、当時の政治家にとって、対日協力者が決して過去の存在ではなかったことを示すエピソードである。

　なお、戦時下の中国での言論に関しては、北京で刊行された日本語雑誌『月刊毎日』が重要である。そこには言論統制のゆるさゆえに、本国では書けないような論説や小説が掲載されていた。詳しくは、この雑誌を近年古書店で発見した石川巧の『幻の雑誌が語る戦争――『月刊毎日』『国際女性』『新生活』『想苑』』（青土社、二〇一七年）参照。さらに、戦時下の上海で刊行された雑誌『大陸』を特集した『早稲田文学』(二〇一八年初夏号)も注目に値する。

＊10 福田和也『奇妙な廃墟――フランスにおける反近代主義の系譜とコラボラトゥール』(ちくま学芸文庫、二〇〇二年)一七、二〇頁。

＊11 王徳威『後遺民写作――時間与記憶的政治学』(麥田出版、二〇〇七年)二七、三四頁。

＊12 胡蘭成の人生やその評価については、薛仁明『胡蘭成　天地之始』(爾雅出版社、二〇一五年)参照。台湾では近年、張愛玲の人気もあって胡蘭成の再評価が進んだ。関前掲書でも、政論家としての胡の活動が検証されている(第十一章参照)。

＊13 胡蘭成『建国新書』(中日新聞社東京本社東京新聞出版局、一九六八年)二、五、一五八頁。

＊14 橋川文三『日本浪曼派批判序説』(講談社文芸文庫、一九九八年)五一頁。

＊15 唐君毅『人生之体験続編』(台湾学生書局、一九九三年)三六頁以下。

＊16 呉汝鈞他『唐君毅哲学的対話詮釈』(台湾学生書局、二〇一九年)二三頁。

＊17 唐君毅「花果飄零及霊根自植」『中華人文与当今世界』(上巻、台湾学生書局、一九七五年)所収。ただ、面白いのは、晩年の一九七〇年代になると、唐にも香港社会に対する責任や自覚、つまり一種の「本土意識」が芽生えてくることである。詳しくは龐浩賢「新儒家在香港――唐君毅視野下的「香港図像」」『思想』(第三九号、聯経出版、二〇二〇年)参照。

＊18 「亡霊の遺産」を象徴するテーマとして《台湾哲学》が挙げられる。日本統治時代の台湾では、日本の京都学派やアメリカのプラグマティズム等の影響のもとで哲学研究が進められ、台湾の本土哲学の礎を築いた。その業績はやはり戦後に抹殺されたが、近年ようやく本格的な検討が進みつつある。洪子偉編『存在交渉――日治時期的台湾哲学』(聯経出版、二〇一六年)参照。

第十章　都市と帝国のあいだ

1　隙間の喪失

ハンナ・アーレントは一九五〇年代の主著『全体主義の起原』で、地球上が急速に国民国家によって埋め尽くされたために、故郷を喪失した無国籍者たち——二度の世界大戦がその数を飛躍的に増大させた——の「避難所」がなくなったと指摘した。

歴史的に例がないのは「無国籍者たちが」故郷を失ったことではなく新たな故郷を見出せないことである。突如として地球上には、この上なく厳しい制限を受けずには放浪者が赴くことのできる場所がなくなり、彼らを同化する国も、彼らが新しい共同体を築き得る領土ももはやなかった。人口問題が原因だったのでは決してない。人口稀薄な国も人口過密な国と同じ態度だった。それは空間の問題ではなく政治組織の問題だったのである。

アーレントによれば、ある主権国家で迫害された亡命者は、新たな故郷を得られないまま、人類社会そのものから締め出されることになりかねない。なぜなら、国家間で結ばれたさまざまな協定、特に犯罪人引渡条約は、法の網の目を世界全体に広げ、被迫害者が別の国で庇護されることを難しくするからである。[*1] これはナショナリズムのグローバル化が進んだため、世界地図が国民国家によってすみずみまで塗り分けられ、空隙がなくなったことを意味している。

そう考えると、香港の二〇一九年の大規模デモ（反送中運動）が、まさに中国との犯罪人引渡条約（逃亡犯条例）の改正をきっかけとしたことは重要である。それは香港が名実ともに、中国の辺境に息づく「避難所」ではなくなったことを示している。二〇二〇年の香港国家安全法の施行に伴って、アメリカ、ドイツ、ニュージーランド等のいわゆる西側諸国は、香港との犯罪人引渡条約を取り消した。犯罪人引渡条約の締結の範囲は「新冷戦」の陣営を色分けする、一つの指標になるだろう。

アーレントは「世界喪失」の危機に直面した亡命政治学者として、国民国家による世界の占有に、根本的に新しい事態を認めた。ただ、大量の無国籍者たちが「国民国家の没落」をもたらすというアーレントの考えは、歴史の歩みとは一致しなかった。二一世紀になってもナショナリズムの衰える兆しはない。香港が中国の支配に抗して、民主的な法治システムを保とうとするとき、ナショナリズムで武装することは避けられない。本来ならば国民国家を目指す必要のなかった香港にとってすら、ナショナリズムは「新宗主国」の中国への抵抗のために残された、数少ない自衛の手段なのである。

2　ナショナリズムとデモクラシー

　では、ナショナリズムにはどういう利点があって、これほど流行したのだろうか。ここで参考になるのは、かつてアメリカの政治学者ロバート・ダールらが、デモクラシーの規模《サイズ》という問題をナショナリズムと関連づけたことである。

　ダールらによれば、西洋の政治思想は長らく大国主義に対する批判を内包してきた。古代ギリシアのプラトン、アリストテレス、ペリクレスらは、政治は小規模の共同体に立脚せねばならないと見なしていた。一八世紀になっても、ルソーの民主主義論やモンテスキューの共和制論は、コンパクトにまとまった領土と少ない人口をそれらの成立の条件とした。彼らの考えでは、大国では社会的な凝集性や合意を形成することができないため、政体の機能が損なわれるのである。

　しかし、ナショナリズムの出現はそのような前提を一変させた。「ナショナリズムと国民国家の台頭」は「自律的なコミューンと都市国家とを時代遅れに、あるいは少なくとも、実質的には、維持することも再生することも不可能にした」。ナショナリズムは惑星上の政治的な共同体を、国民国家のモデルへと収束させた。それに伴って、政治思想家たちも都市や小国のモデルを捨てて、国民国家のサイズに合致するように、民主主義の理論をアレンジするようになった。

十九世紀中葉になると、都市国家にのみ適したものとしての旧来のデモクラシーの考え方は、ほとんど全体的にその力を失った。民主主義の教説は、その時代になると、完全に、ナショナリズム・国民国家そして代議政治に適応された。[*2]

ナショナリズムは「われわれ」意識を拡張し、お互いの顔の見える範囲を遥かに超えた広域の共同性に、感情的な実体を与えた。このナショナリズムの魔術によって、デモクラシーは都市国家より巨大な共同体でも成立し得るという新たな信念が、政治思想に植えつけられたのである。

ただ、そこには悪しき副作用がある。一つはアーレントが言うように、国民国家がグローバル化したことによって、無国籍者たちが苦境に追いやられたことである。もう一つは、都市国家やコミューンが劣位に置かれ、国民国家以外の政体の構想が退潮したことである。この国民国家モデルの勝利は、左翼か右翼かというイデオロギーの区別に先立って、われわれの政治的想像力の全体を深く規定している。

3　城邦《ポリス》としての香港

ナショナリズムと国民国家は歴史上の新参者でありながら、一九世紀以降、人類の想像力を急速にハイジャックし、政治的共同体の規格となった。われわれはもはや国民国家のなかった時代に戻ることはできない。だが、国民国家という標準化された政体は、それ以前のあらゆる政治形態を凌駕するほど優れたものだろうか。とりわけ、香港のように、人口は多いが領域はごく小さな都市については、他の政体の可能性はないだろうか。

現に、そのような立場から書かれたユニークな政論がある。ドイツで民俗学を学んだ政治評論家で、香港の自治運動の組織者でもある陳雲《ちんうん》（本名は陳雲根）は二〇一〇年代前半に、本土主義の一つの原典となった『香港城邦論』およびその続編の『光復本土』で名を馳せた。彼の構想は香港を都市国家、つまり城邦《ポリス》として位置づけることにあった。

陳雲は都市国家をヨーロッパの最も伝統的な政治モデルと見なす。プラトンの『国家』やアリストテレスの『政治学』を生んだ古代ギリシアのポリスから、ドイツのハンザ同盟、さらには植民地の「租界」に到るまで、西洋の政治は長く都市に依拠してきた。それに比べると、アジアの都市国家の伝統は弱かったが、陳によれば、大英帝国が香港とシンガポールを植民地化したことによって、都市国家のモデルがアジアにも導入された。

香港は大英帝国の統治のもとで経済発展を遂げてきた。イギリスの植民地政策を古代中国の周の王道政治になぞらえる陳によれば、一九一一年の辛亥革命以降、中国大陸が「ネーション・ビルディング」に邁進したのに対して、香港はイギリスの威信に守られながら「ソーシャル・エンジニアリング」に集中することができた。香港という帝国の孕んだポリスは、ネーションなしの近代化を実現したのである。さらに、陳はこのような統治術の歴史を踏まえながら、中国、香港、台湾、マカオから成る「華夏邦聯」――「中華邦聯」とだいたい同意義だが、ことさら「華夏」を使うのは中華＝中国の観念を排するためである――を構想する。香港は独立するだけの力をもたないが、大英帝国の遺産を引き継いでいるため、未来の連邦制へのガイドになり得るのである。

しかも、香港はこの連邦の文化的中心を占めることができる。なぜなら、陳によれば「華夏」を本体とし、それをイギリスの補佐によって保ってきた香港には、中国大陸では失われた由緒正しい漢音や漢字、さらに古雅な文言が温存されているからである。これは香港人が本来の中華文明を守り育ててきた「遺民」であるということと等しい。「香港文化の性格とは、華夏遺民の儒家思想およびイギリスの保守主義であり、しかも保守であるからこそそこには異端も包摂された」。こうして、中国共産党という「蛮夷」に対して、香港人は文明の「師傅《しふ》」（養育係）として振る舞えばよいと、陳は結論づけるのである。[*3]

陳雲は独立を声高に主張するのではなく、イギリスによる植民地化を歴史の僥倖と見なしながら、香港の文明論的な優位性を語った。この奇妙な自治論および連邦論は、多くの論理の飛躍を含んでいたにもかかわらず、二〇一〇年代の香港政治思想の里程標となった。例えば、台湾の批評家である呉叡人《ごえいじん》――ベネディクト・アンダーソンの『想像の共同体』の中国語訳者で、日本への留学経験もある――は「リリパット人たちの夢」という論説で、香港ナショナリズムの台頭を「世界史的意義」をもつ出来事と評価しつつ、その前史として陳雲に言及している。

呉叡人によれば、陳の「城邦自治論」は弱小民族のナショナリズムの変形である。陳は公民共和主義（civic republicanism）の場としての城邦の伝統を呼び覚まし、それによって「香港固有の自治と主体性」を輪郭づけた反面、香港独立を支持せず、ナショナリズムも回避した。呉が推測するように、香港ナショナリズムと中国ナショナリズムの正面衝突は、あまりにもリスキーだと判断されたのだろう。この点で、陳の城邦論は、弱小民族ならではの「ナショナリズムなきナショナリズム」という迂回戦略の様相を呈することになる。

そのため、陳の構想は本土主義を活気づかせたものの、それ以降の急進的なナショナリズム運動とは必ずしも一致しなかった。呉が言うように、ナショナリズムを避けた陳とは対照的に、若い学生たちはもっと直接的な民族自決論を唱えるようになった。「香港民族、命運自決」のスローガンとともにパンドラの箱が開いた結果、人民（demos）の自己決定＝自己統治の地盤となる「香港民族」が大っぴらに語られる。つまり、デモクラシーとナショナリズムが重なり、相互浸透し始めたのである。*4

こうして、都市国家としての香港が連邦制を主導的に形成するという陳雲の「小人国《リリパット》の夢」は、中国化の圧力が強まり香港ナショナリズムが先鋭化するなかで、つかの間の空想に終わったように思える。香港の相次ぐ危機と混乱は、実験的な政治構想を成り立ちにくくした。にもかかわらず、ポリスとしての香港という認識が完全な謬見《びゅうけん》であったとも思えない。われわれはむしろ、本来は都市である香港がネーションを性急に演出せねばならないところに、事態の深刻さを認めるべきではないか。

4　国民国家以前／以後の都市

ここで問題をより一般化してみよう。繰り返せば、ナショナリズムは規模の問題を撤廃し、大きな領域国家でもデモクラシーが成立するお墨付きを与えた。だが、仮にヨーロッパで国民国家が機能したのだとしても、同じことが非ヨーロッパの地域にも当てはまるとは限らない。アーレントが言うように「民族‐領土‐国家」の三位一体はネーションの基礎であり[*5]、その規格に基づいて近代の政体は組織された。しかし、アジアでは長らくこの三位一体なしに、政治が運営されていた。それゆえ、アジアの勃興は、国民国家は最善の政治組織なのかという問いを改めて浮上させるだろう。

例えば、インドネシアのバリ島の伝統的な政治システムを調査した人類学者のクリフォード・ギアツは、そこに近代の国民国家とは異質の「劇場国家」を見出した。ギアツによれば、バリの王は独裁者や絶対君主というよりは、劇場の主宰者であり、国家も宇宙的な秩序を上演する舞台装置に近かった。国家どうしの境界も一定ではなく、むしろ「多彩で動きの激しい〈場〉」として現れたのである。厳格な国境で区切られた領域国家が「外交」をやり、君主が「中央集権的国家装置」のもとで全体を支配する――そのようなヨーロッパ型の政治はバリのスタンダードではなかった。[*6]

さらに、東南アジアは海上貿易の拠点であり、ジャワ島やマレー半島では多くの港湾都市が栄えた。歴史家のアンソニー・リードは一五世紀から一七世紀を東南アジアにおける「交易全盛期」と命名しながら、仏教やイスラム教の影響下で、城壁を備えたヨーロッパや中国の要塞都市とは異なり、ココナッツや樹木の生い茂る「庭園」のような都市が生まれたことを紹介している。一七世紀までにスペイン、ポルトガルに加えて強大な資本と軍事力を備えたオランダ東インド会社が進出し、既存の東南アジアの交易共同体を凌駕するまで、海沿いの交易都市――マラッカ、パタニ、バンテン、アチェ等――は、固有の文化や教育の仕組みを備えていた。[*7]

このような都市国家の歴史はヨーロッパ人によって後退させられたとはいえ、現代のグローバル・シティの「前史」として重要である。香港と並んで世界有数のコンテナ取扱量を誇るシンガポールは、マレー半島の港湾都市の末裔である。経済成長の著しい東南アジアには、今後も新たなメガシティが誕生すると思われるが、それらの未来の諸都市は、この地に一七世紀まであった交易ネットワークを再起動することになるかもしれない。

そもそも、都市の歴史は近代の国民国家の歴史よりずっと古い。マックス・ウェーバーは古代にまで遡り、従来は異郷者であったひとびとの「集住」、さらに財貨を交換する「市場」が都市の本質だと論じた。[*8]人類が集住し、そこに資本――金銭だけではなく、イノヴェーションを支える社会関係資本や文化資本も含む――の蓄積が起こる限り、都市の血脈は絶えそうもない。ペストやコレラのような危険極まりない疫病を経験しても、結局人類は都市に戻り、過密な生活を営んできた。集住にはそれだけの利点がある。

加えて、都市の核心はその増殖性にある。国民国家の独立に比べれば、都市の増加はずっと摩擦が少ない。気候変動は北極圏の氷を溶かし、ノルウェーの新興都市キルケネスをその周辺国の拠点に変えつつある。ナイジェリアのラゴスやUAEのドバイはすでにグローバリズムの首都の一つとなった。[*9] 国民国家がしばしば排他的であり、ケベック、カタルーニャ、バスク、スコットランド、北アイルランド等の独立運動もしばしば深刻な紛争に到ることを思えば、都市の増殖可能性は特筆に値する。

もう一点、重要なのは都市の接続性である。都市はグローバルにつながり、お互いに商品の流行をコピーしあう。グルメからファッション、コンビニまで、ある特定の都市にしかないものを探すのは今や難しい。国民国家が物語＝歴史によって統合され、そのアイデンティティの唯一無二性を主張するとしたら、都市は逆に商品の流行や複製を促す、グローバルな鎖のなかで実体化するのである。

5　帝国の衰退と回帰

都市国家と並んで、国民国家以前のもう一つの代表的な政治形態は、多民族から成る「帝国」である。特に、アジアの歴史はペルシャ、中国、モンゴル、ロシア、トルコ、インド等の帝国なしには語れない。なかでも、帝国の構成原理として重要なのがイスラム教である。

オスマン・トルコ帝国を支えたイスラムの共同体は、信仰を第一とする限りで、民族や人種を超えた広域の帝国を組織するのに適していた。オスマンはイスラム教の布教や拡大を目指すよりは、むしろイスラム法に基づいて非イスラム教徒も含めた多民族・多宗教を管理しようとする帝国であった。しかも、トルコ系の民族はもともと遊牧民であったが、オスマン帝国そのものは分権的な遊牧民国家とは違って、中央集権的な官僚制を維持し続けたのである。

かたや、インドのムガル帝国は一六世紀のアクバルの政治的手腕によって急速に拡大したが、外来のイスラム教徒のムガル人はインドでは少数派であった。そのため、アクバルは諸民族を統合するために、キリスト教やヒンドゥー教に対して寛容な政策をとるとともに、スーフィー派の神秘主義に関心を寄せ、皇帝の神格化を推し進めた。さらに、面白いのは、サマルカンドに壮麗な宮殿を建てた先祖のティムールに倣って、アクバルが建築に情熱を注ぎ、ジャングルを切り開いて首都を新たに造営したことである。[*10] アクバルは神の代理人であるアーキテクト（建築家／都市計画者）として、世界創造のデモンストレーションを統治の要諦とした。

しかし、オスマン帝国とムガル帝国は、一九世紀以降はヨーロッパ列強の進出もあいまって弱体化し、西洋式の教育を受けたエリートたちはナショナリズムを内面化するようになった。特に、ヨーロッパの軍事的・文化的な圧力をじかに受ける最前線であったトルコとインドには、帝国から国民国家へという推移が顕著に現れている。

トルコ建国の父として神話化されたムスタファ・ケマル・アタテュルクは、カリフ制を廃止し、世俗化を推し進めた。すでにオスマン帝国の末期に、トルコの青年たちは科学主義やダーウィニズムから成る一般向けの「俗流唯物論」を受け入れていたが、アタテュルクはその潮流を引き継ぎながら、イスラムとも社会主義とも違う、理性と共和制への崇拝を伴った世俗的な国民国家を構築しようとした（ケマリズム）。さらに、アタテュルクから刺激を受けたインドのネルーも、政教分離を進めた。多くのヒンドゥー教徒とイスラム教徒を抱えるインドを国民国家として束ねるにあたって、ネルーは宗教ではなく、やはり科学の力に訴えたのである。

こうして、かつての多民族の帝国は国民国家に、宗教はネーションや科学に置き換えられた。だが、話はそれで終わらない。というのも、二〇一〇年代に入ってから歴史の逆行が鮮明になっているためである。

二〇一四年に大統領就任したトルコのエルドアンは、ケマリズムからの脱却を進め、アタテュルクが否定したイスラムの伝統的な価値観を、トルコのアイデンティティの基盤にしようとしている。保守主義者のエルドアンにとって、トルコはオスマン帝国の後継者なのであり、トルコを中心とするイスラム世界の再興も彼の狙いに入っている。それでいて、この宗教的帝国への回帰は、あくまでアタテュルク以来のトルコ・ナショナリズムを下地としているのである。[*11]

ナショナリズムの地平に宗教を呼び戻しているのは、トルコだけではない。やはり二〇一四年にインドの首相となったナレンドラ・モディは、ヒンドゥー・ナショナリズムを国家の紐帯としている。さらに、中国でも文革時代には「下放青年」であった習近平が、二〇一三年に一帯一路構想を打ち出し、政治上のライヴァル不在のまま権力を強化する一方、新保守主義的な知識人が儒教に根ざした「天下」をイデオロギーとして導入するようになった。二〇一三年から一四年とは、かつての帝国で歴史の逆行、つまりバックラッシュが始まった時期として記憶されるだろう。

二〇世紀に世俗化を力強く実施した国々が、二一世紀には宗教や伝統へと傾斜したこと――政治学者のマイケル・ウォルツァーはインド、イスラエル、アルジェリアを例に出しながら、このような反転を「世俗革命から宗教的反革命へ」と要約している。ウォルツァーによれば、ネルーをはじめこの三国のエリートたちが「科学的な物の見方」を絶対視し、宗教はいずれ姿を消すと見なしたのに反して、実際には日常生活に溶け込んだ宗教は撲滅されず、むしろヨーロッパ式の世俗革命を進めたエリートたちへの「憤り」が、宗教の復活というバックラッシュを刺激することになった。[*12]

一八八一年生まれのアタテュルクや一八八九年生まれのネルーは、科学を宗教よりも優越させたエリートである。彼らは宗教の権威を取り去る「世俗革命」とナショナリズムを接続した。逆に、一九五〇年生まれのモディや一九五四年生まれのエルドアンは下層の出身であり(前者はチャイを、後者はレモネードを売り歩いて、家計を支えていたとされる)、エリート的な進歩主義への反発を吸収しつつ、宗教とナショナリズムを接続している。しかも、エルドアンのトルコの場合、そこにオスマン帝国の記憶が接ぎ木されているのである。興味深いことに、中東から中央アジアへ伸びる経済圏を志向する今のトルコでは、それを地政学的に正当化するユーラシア主義すら息を吹き返している。

6　ウイグル独立の困難さ

以上のように、アジアには古くから都市と帝国の歴史がある。一九世紀後半以降、この両者の中間のサイズにあたるヨーロッパの外来種＝国民国家が、双方のモデルを消化吸収した。しかし、二一世紀に入ると、再び都市と帝国が頭をもたげ、それでいて国民国家はなおも健在である。

二〇世紀にバルカン半島や中東で、現地の事情を無視して引かれた国境線は、民族間の対立を激化させ、その問題は今も解決されていない。国民国家として独立してやっていける規模をもたない（あるいは周辺の強国によって強制的に分断された）民族は、パレスチナ人、クルド人からロヒンギャ難民に到るまで、迫害や虐殺の対象となってきた。半世紀以上前にアーレントが懸念したように、国民国家に占有された世界では、無国籍者の人権――それは本来、国民国家への所属とは関わりのない「天賦」のもののはずである――は危機に瀕することになる。かといって、漂流する民族が国民国家を新設しようとすれば、周囲にたいへんな軋轢を生み出すだろう。[*13]

それは中国の辺境――台湾、香港、内蒙古、新疆、チベット等――の直面する問題でもある。特に、新疆の状況はきわめて深刻である。パレスチナ人やクルド人、ロヒンギャはいずれもその多くの成員がイスラム系だが、それでも彼らにはまだ国際社会からジャーナリスティックな眼が注がれている。しかし、同じくイスラム教徒のテュルク（トルコ）系のウイグル住民の多い新疆は、一種の収容所国家だと想定されるにもかかわらず、中国の報道管制によって国際社会から孤立させられている。

中国は漢民族を中心とした国民国家でありながら、多民族・多文化の共生を謳う帝国的な国民国家（文明型国家）として自己演出している。そのことと、新疆やチベットに厳重な表象の監獄が築かれ、外部からの視線が遮断されていることは表裏一体である。分離主義者（分裂主義者）と目されたウイグル人やチベット人――ダライ・ラマはその筆頭である――は、神経症的な攻撃を受けている。多民族が一つの中国のなかで平和裏に共存しているという「見かけ」に固執する中国の行政システム、特にその地方政治を担う官僚組織にとって、分離主義の流布はもってのほかだからである。

このような状況下で、中国人作家の王力雄《おうりきゆう》による新疆のレポートは、きわめて貴重な仕事である。王は新疆の弾圧についてさまざまな角度から述べているが、ウイグル（東トルキスタン）独立に無条件に肩入れするわけでもない。王が二〇〇六年にウイグル人の独立派ムフタルに宛てた書簡には、次のように記されている。

私は、新疆の未来の民族衝突は非常に激しいものになるが、独立実現の条件はチベットに劣るのではないかとずっと思っている。チベットはほぼ単一の民族・宗教・文化で、地理的境界もはっきりしており、歴史的地位も明確で、国際社会も広く認め、衆望を集める指導者と亡命政府がある。けれども新疆は民族関係が複雑で、居住地域が交錯しており、境界が不明確で、変動要因が多く、一旦本来の枠組みを離れたら分散してしまい、次から次へと難しい問題が出てくる。*14

共同体の規模の問題は、ナショナリズムによってある程度ごまかせるが、消滅はしない。国民国家のサイズという面で、香港が小さすぎるとしたら、新疆は大きすぎる。王力雄の考えでは、新疆にはそのサイズと多様性ゆえに、民族間の軋轢が生じやすいというリスクがあり、下手をすればボスニア・ヘルツェゴヴィナのような民族浄化が起こりかねない。それゆえ、当時の王の代案は、新疆の「高度な自治」を中国に認めさせる一方、多民族の民主的な共存を漸進的に進めるというものであった——もっとも、香港の一国両制の崩壊によって、今や一国両制という「擬制」そのものが消滅してしまったのだが。

新疆には多数派のウイグルに加えて、カザフ、キルギス、ウズベク等のトルコ系のイスラム諸族も居住しているが、ウイグル以外は中央アジアにカザフスタン、キルギス、ウズベキスタンという国民国家をもつ。したがって、ウイグル族が「ウイグル・ネーション」として東トルキスタンの独立を志向したとしても、不思議なことではない。遊牧民のウイグル人は古くは匈奴から分岐し、突厥《とっけつ》——六世紀に中央アジアで大勢力を築いた——を築いた民族の歴史をもっており、それが独立を正当化するナラティヴの支柱になっている。

しかし、中央アジアのトルコ系諸民族の縮図という一面をもつ新疆を、一つの国民国家として統合すれば、王が危惧するような衝突が起こりかねない。ウイグル独立の困難さはたんに中国の圧政だけではなく、新疆そのものの広大さにも由来するのである。

7　国民国家モデルの臨界

私は先ほど「国民国家は最善の政治組織なのか」と問うた。多くの都市や帝国を含んだアジアの政体の歴史は、かつて国民国家以外の道があったことを物語っている。もとより、私はその過去を一概に美化するつもりはない。ただ、アジアの地理的・歴史的現実は、国民国家モデルの臨界を指し示しているように思える。

現に、ここまで見てきたように、民族－領土－国家の三位一体を標準とするとき、香港、中国、新疆にはそれとのギャップが明らかに存在する。つまり、香港の民族は生まれたてであり、標準的な領域国家と比べると領土もきわめて小さい。逆に、新疆は多民族で、領土も広大であり、均質な国民国家としてまとまるのは困難である。中国はそれに輪をかけて広大な多民族国家であり、シルクロードの再生をもくろむ帝国（天朝）として拡張政策をとる反面、周辺の独立の機運に対しては「大一統」の見かけを破壊するものとして、神経症的な弾圧で臨み続ける――そこでは、帝国として「多」であることと国民国家として「一」であることが強引に接合されており、それが圧政の原因の一つとなっている。

中国とその辺境は、今や危険な係争地と化している。その一因は、必ずしもアジアの身の丈にはあわない国民国家が、政治的共同体の規格となったことにあるのではないか。ナショナリズムの魔術は、規模にかかわらず国民国家が成立し得るという信念を生み出したが、それで現実の社会状況とのギャップがなくなるわけではない。それゆえ「天朝」の神経症的な不安も消えそうにない。

*1　ハンナ・アーレント『全体主義の起原2――帝国主義［新装版］』（大島通義・大島かおり訳、みすず書房、二〇一七年）二七五、三一〇頁。

*2　ロバート・A・ダール＋エドワード・R・タフティ『規模とデモクラシー』（内山秀夫訳、慶応通信、一九七九年）一三、一九頁。

*3　陳雲『香港城邦論』（天窓出版、二〇一一年）六六、七三頁。同『光復本土――香港城邦論Ⅱ』（天窓出版、二〇一四年）一二三、二七、一〇七、一一九、二八七頁。前章で胡蘭成や唐君毅に即して述べたように、文明の精華が辺境でこそ保存されるという論法は、李氏朝鮮の小中華主義も含めてそれほど珍しくない。陳雲の主張は奇矯に見えるが、実際には中国思想のパターンに沿ったものである。

*4　呉叡人『受困的思想――台湾重返世界』（衛城出版、二〇一六年）二四〇頁以下。

*5　アーレント前掲書、二六八頁。

*6　クリフォード・ギアツ『ヌガラ――19世紀バリの劇場国家』（小泉潤二訳、みすず書房、一九九〇年）一二、二五頁。

*7　アンソニー・リード『大航海時代の東南アジアⅡ――拡張と危機』（平野秀秋・田中優子訳、法政大学出版局、二〇〇二年）一、一一三、四三八、四四九頁。

*8　マックス・ウェーバー『都市の類型学』（世良晃志郎訳、創文社、一九六四年）五、九四頁。

*9　パラグ・カンナ『「接続性」の地政学――グローバリズムの先にある世界』（下巻、尼丁千津子・木村高子訳、原書房、二〇一七年）第十、十一章参照。

*10　林佳世子『オスマン帝国500年の平和』（講談社学術文庫、二〇一六年）二一一頁以下。アンドレ・クロー『ムガル帝国の興亡』（岩永博監訳、杉村裕史訳、法政大学出版局、二〇〇一年）一一九頁以下。

*11　アタテュルクの世俗革命については、M・シュクリュ・ハーニオール『文明史から見たトルコ革命――アタテュルクの知的形成』（新井政美監訳、柿﨑正樹訳、みすず書房、二〇二〇年）第三、六章参照。柿﨑の簡にして要を得た解説もたいへん参考になる。

*12　マイケル・ウォルツァー『解放のパラドックス――世俗革命と宗教的反革命』（萩原能久

＊13 監訳、風行社、二〇一六年）三〇―三一頁。国家をもたない民族が、ネーションを熱烈に希求するとき、どういう想像力が発揮されるだろうか。興味深いことに、建築家の磯崎新は『瓦礫《デブリ》の未来』（青土社、二〇一九年）で、クルド現代美術館の設計を依頼された折のエピソードを語っている。クルド人は国家と国家の「あいだ」で、クルディスタンというまだ存在しない国家を空想している。しかも、彼らはこの不在の国家の「軸線」として、クルド人の作品に限定されないコンテンポラリー・アートの殿堂を建設しようとしたのである。

＊14 王力雄『私の西域、君の東トルキスタン』（劉燕修・馬場裕之訳、集広舎、二〇一一年）四二八頁。なお、王は小説『セレモニー』（金谷譲訳、藤原書店、二〇一九年）で、パンデミックの危険性を指摘したレポートを捏造し、防疫の点数をあげようとする官僚社会／監視社会を描いた。本物の新型ウイルスが出てきてしまったことを除けば、未来を見事に先取りしていたと言うべきだろう。

第十一章　未完の革命

1　東アジアの民主主義革命

東アジアにおける民主主義革命は、一九八〇年代に高揚した。韓国では八〇年の全斗煥《チョンドゥファン》政権下での民主化デモの武力弾圧事件、いわゆる光州事件を経て、八七年には盧泰愚《ノテウ》を中心として「六・二九民主化宣言」が発表され、民主化への大きな一歩が踏み出された。『タクシー運転手　約束は海を越えて』や『１９８７、ある闘いの真実』のような近年の韓国映画は、この一連の民主化闘争を集合的記憶として再創造する試みである。

台湾でも八八年に死去した蔣経国の敷いた「主権在民」のレールが、もともと農業経済学を学び、蔣の片腕として国務大臣も務めた李登輝に受け継がれ、漸進的に民主化が進められた。逆に、中国大陸では八九年の六月四日に天安門事件が起こり、民主化の負の記念碑になった。雨傘運動以来の香港を見て、悪夢の「六四」を思い出し、ひやひやした向きも多かっただろう。

東アジアの民主化は未完のプロジェクトである。権威主義に対抗し、政治上の自由と自己統治を目指す民主主義革命は、今も終わっていない。しかも、香港デモが台湾のひまわり学生運動とも共振し、タイの若者たちの反政府デモに影響を与えたことからも分かるように、近年の東アジアの政治運動は、その思想や手法について相互参照のネットワークを形成してきた。二一世紀の「革命時代」は技術的模倣《テクノミメーシス》の時代でもある。

ただ、日本だけは例外的な歴史をたどってきた。吉本ばななが「キッチン」で作家デビューし、村上春樹の『ノルウェイの森』——六〇年代末の学生闘争の時代を回顧したラブロマンス——がベストセラーとなったのは、韓国や台湾が「政治の季節」の渦中にあった一九八七年のことである。消費社会の爛熟を迎えた八〇年代の日本では、革命はノスタルジーの対象となった。つまり、政治は消費社会によって追い抜かれたのである。しかも、その後吉本と村上は東アジア諸地域の消費社会化の度合いに応じて、現地の人気作家となっていった。この興味深い現象は、日本とそれ以外の地域に政治的な時差があったことを示唆している。

だが、そもそも日本に「民主主義革命」はあっただろうか。戦前のマルクス主義者である講座派と労農派は、一九三〇年代の日本資本主義論争において「明治維新はブルジョワ的な民主主義革命であったのか」という問いを立てた。このうち講座派の系譜に属する丸山眞男は、戦後すぐの一九四七年の論考で、この問いにはっきり否と述べている。

丸山の考えでは、ヨーロッパ的な意味での「民主主義革命」は、外的な規範との闘争のなかで「理性的自己決定」に基づく「自由」を獲得するプロジェクトである。しかし、日本は江戸時代に「人欲」(感性的自由)が解放され、本居宣長のような国学者がそれを追認したことはあったが、権威に対抗して政治的・理性的な次元で自由を創設したためしはなかった。それは明治維新も変わらない。民主主義革命を途中で投げ出した日本人は、ファシズムに呑み込まれて敗戦に到った。それゆえ、丸山が望むのは革命の再開である。「吾々は現在明治維新が果すべくして果しえなかった、民主主義革命の完遂という課題の前にいま一度立たせられている。吾々はいま一度人間自由の問題への対決を迫られている」[*1]。

日本的な「自由」が政治との関連性をもたず、もっぱら文化や人欲に限られているという丸山の指摘は、独断的にも思えるが、やはり重要な問題提起を含む。例えば、一〇世紀初頭に紀貫之の記した『古今和歌集』の仮名序には「生きとし生けるもの、いづれか歌を詠まざりける」という名高い一節がある。歌を詠む能力は一部のエリートに限らず、貴族と庶民、人間と動物の境界を超えて生物界に共有されている——これは当時第一級の知識人の語った「民主的」な文学論だが、政治上の自由や平等とは何の関係もない。

われわれ日本人は、民主化の記念碑となる政治的な事件をもたない。この点で、日本は他の東アジア諸地域と大きく異なる。その一方、江戸時代以来、即物的な「人欲」は解き放たれてきたが、その快楽の楽園はしばしば空虚さの認識を伴ってきた。例えば、セックスの解放とその後の空白感や喪失感を描いた『ノルウェイの森』では、手に入れたはずの自由が静かな破局と自己喪失へと到る。それは図らずも、丸山の議論を裏打ちするものである。

もとより、私利私欲に基づいて自己中心的に生きることが、一概に悪いわけではない。スラヴォイ・ジジェクが言うように、自分の利益に熱中している人間は、他人にかまけていられず、妬みやルサンチマンによって邪悪なことをやる暇もない。[*2] ただ、問題は、私利私欲の追求が必ずしも長続きしないことである。現に、村上春樹が描いたのは、自己の中心化がそのまま自己の空洞化をもたらすという逆説である。『ノルウェイの森』は性革命のもたらした自由が、いかに傷つきやすく脆いかを暗示していた。

2　祖国をめぐる冒険

近代の民主主義とは、統治する者と統治される者が「人民の意志」のもとに一致する制度である。ハンナ・アーレントが批判的に言及したように、古代の「同意」の概念に代わって「意志」を政治の原理としたことそのものが、近代のルソーによる重大な発明である。[*3] ただ、意志は計測できる物体ではない。選挙にせよデモにせよ拍手喝采にせよ、意志を過不足なく表象する手法ではなく、たかだか近似値を示すだけである。しかも、民意は日々移ろいゆく気まぐれなものであり、その確率的な揺らぎを解消することはできない。要するに、民主主義にとって、いちばん根源的なものこそが不確定かつ不透明なのである。民主主義とは自らの不完全さや可謬性《かびゅうせい》をさらけ出しながら運営される仕組みである。逆に中国のような権威主義体制は、統治の完全性と無謬性をたえず演出せねばならず、そのことがヒステリックな圧政を招く。

人民の意志は、リアルタイムで正確に計算できるものではない。だからこそ、民意が一つのまとまりとして存在した時代、つまり「起源」の創出と共有が重要になってくる。一致団結したメンバーによる共同体の創設という神話がたびたび動員されるのは、そのためである。すでに第八章で述べたように、二〇一〇年代の香港では、そのような基盤の創設が「時代革命」という切迫したスローガンを伴って急ピッチで進んだ。香港の本土主義者はまず革命の舞台となる家、つまり「祖国」を生み出そうとしたのである。

本書で述べてきたように、香港には祖国を失った移民や難民の集合体という一面がある。私がここで連想するのは、いささか唐突なようだが、マルクス主義理論家のジェルジ・ルカーチが小説を「先験的な故郷喪失の表現」と評したことである。ルカーチによれば、放っておけば世界の意味が「無」へと崩れ去ってしまう故郷なき近代社会において、小説は「冒険の形式」によって「自らに固有の本質性」を発見しようとした。[*4] 香港はこの意味での小説と似ている。あらかじめ「故郷喪失」を課せられた香港人は、中国化の危機のなかで、自らの固有性を発明する冒険に向かったのだ。

そのタイムリーな指針となったのが、医師の徐承恩《じょしょうおん》による『香港、鬱躁的家邦』（二〇一五年／二〇一七年）という通史である。このタイトルは、台湾独立派の元祖である王育徳の『台湾——苦悶するその歴史』——一九六四年に日本語で刊行された台湾通史で、史明の『台湾人四百年史』と並ぶ台湾本土史観の先駆けとなった——に範を取ったものである。徐は戒厳令下の台湾が「苦悶」していたとしたら、今の香港は「憂鬱」にして「躁動」の状態にあると見なした。
徐承恩の狙いは、この浮き沈みの激しい集団心理の根源を、香港の錯綜する歴史から捉え直すことにある。そのためには香港という「本土」の特異性をその来歴とともに明らかにせねばならない。徐は陳雲、張彧暋、呉叡人らにも言及しつつ、大きく三つの柱を立てた。

第一は「百越の伝承」である。香港人の祖先は嶺南地方（現在の広東省や広西チワン族自治区等を含む）に居住した百越の民であった。一五世紀から進んだ漢化にもかかわらず、嶺南諸民族の言語や習俗は北方の漢人の帝国とは異質であり続け（今でもこの地では広東語を含む粤《えつ》語が話されている）、それが香港の文化的ルーツとなった。第二は「西方の現代文明」である。香港は西洋の科学技術と物質文明、さらにイギリスの政治文化の薫陶を受けて、自由・民主・法治を核心的な価値とするようになった。第三は「大陸遺民」である。一九世紀末以来、中国大陸は政治的激変のなかで伝統を破壊しながら国家を建設したが、香港は暴力的なネーション・ビルディングに参加しなかった。この辺境の香港に避難してきた清や中華民国の遺民が、中国の精緻な文化を香港に引き入れたのである。[*5]

嶺南文化、イギリス文化、遺民文化。この三者の合成である香港は、まさに欧亜混血《ユーラシアン》と呼ぶにふさわしい。徐はこのハイブリッドな文化がいかに共産化した大陸と異質であるかを、並外れた情熱によって証明しようとした。徐のような在野の民族誌家《エスノグラファー》がこの大部の「民族の伝記」を生み出したことは、特筆に値するだろう。

3　草の根の革命運動

このような本土史観の新潮流を踏まえつつ、台湾の呉叡人は二〇二〇年に反送中運動を支持する論説を発表した。そこから二つの論点を引いておきたい。

第一のポイントは、中国からの大量の移民や観光客によって、香港が植民地化の危機にあるという認識である。香港は北京の移民政策に関与したり、コントロールしたりすることはできない。呉はそのことを、日本統治時代の台湾に適用された「内地延長主義」になぞらえた。呉によれば、植民地の台湾が日本の「内地」の一部として制度的に同化されたように、香港は中国からの移民によってその人口構造を変化させられ、新香港人というロボットに作り変えられている。

第二のポイントは、反送中運動において「伝統的な人文社会学を専門とする知識人」が不在であったことである。フィヒテの『ドイツ国民に告ぐ』のような伝統的な知識人による呼びかけのないまま「大量の公民が、素朴で非専門的なやり方によってたえず自我を規定し、国歌〔『願栄光帰香港』〕まで生み出した。それを書いたのは二〇歳そこそこの若者であった」[*6]。つまり、ネーションとしての香港（香港人の香港）は、知識人もリーダーもいない反エリート的で匿名的な草の根運動によって構成されたのである。

もともと、雨傘運動はさまざまな学生グループ――そのうちの学民思潮のメンバーが日本でも有名な黄之鋒《こうしほう》や周庭《しゅうてい》である――が主導していたが、反送中運動では脱中心化がいっそう進み、明確なリーダーは不在のままである（香港ではそれを無大台［無組織］として言い表している）。「暴徒などいない、暴政があるだけだ（没有暴徒、祇有暴政）」やブルース・リーにちなんだ「Be Water」という掛け声も、その群れから自発的に浮かび上がってきた。

この反エリート的な草の根運動には、しかし暴走の危険性もある。周知のように、二〇二〇年秋の大統領選でバイデンに敗北したトランプは、客観的な根拠を示さないまま「選挙不正があった」という主張を繰り返し、それに煽動された極右の支持者たちが二〇二一年一月にアメリカ議会議事堂を襲撃した。それに際して、香港の少なくない本土主義者たちは暴徒に同一化し、CNNやニューヨークタイムズのようなリベラルなメディアの偏向報道に強い不満を募らせたのである。

香港の本土主義者たちは、エリート的な「左膠《さこう》」（理想論で凝り固まった左翼をあざけった造語）の偽善と道徳主義が気に食わない。それゆえ、リベラルな主流メディアを罵倒し、エスタブリッシュメントに喧嘩を売り、中国の危険性を遠慮なく指摘するトランプは、彼らの格好の代弁者にしてダークヒーローとなった。私もその感情をある程度理解するが、ただし彼らの問題は、トランプこそが最大の権力者だという自明の事実を忘れていることである。草の根運動は確かに民主主義の基本的な形態だが、いったんその群れが攻撃性に支配されると、妄想の感染に歯止めがかからず容易にカルト化してしまう。それは左右を問わずSNSによって世界じゅうで起こっているが、香港もその例外ではない。

4　革命か離脱か

こうして、香港の民主化運動は多くの危機を孕みつつ、本土に根ざした「時代革命」へと自らを駆り立てた。ジジェクによれば、革命とは「社会の基本的ルールが変わること」であり「極端なものを極端なものとみなす尺度そのものが変化」することである。[*7] 香港は確かにこの数年で、極端さの尺度を革命的に変えた。というのも、一〇年前ならば起こりそうもない極端なことが起こり、誰もそれに驚かなくなっているからである。

それでも疑問は生じる。なぜ新しくできたばかりのネーションに、高い価値が認められるのか。より一般的に言って、祖国への愛は本当に他を押しのけるほどの優位性をもつのか。スタンダールの中篇小説「ヴァニナ・ヴァニニ」は、まさにこの問題をテーマとしている。炭焼党《カルボナーリ》の若い党員として革命を志すミッシリリは、祖国イタリアへの愛と貴族の令嬢ヴァニナへの愛に引き裂かれる。

祖国とは何か？　われわれが受けたご恩に感謝している相手というのではなし、われわれに捨てられたといって悲しみも嘆きもしないだろう。祖国とか自由とかいうものは、外套のようなもので自分に役立つものである。〔…〕ところで、それらのものが今さら自分の役にも立たず、八月の外套のごときものである場合、何のためにしかも莫大な価でそれを買おうとするのだろうか？[*8]

祖国には感情がないから、愛国者がどう振る舞おうと感謝も嘆きもしない。しかも、祖国を「買う」には莫大なコストがかかる。愛国者は生命をかけて、この無口で冷たい国家のために献身的に尽くさねばならない。ミッシリリはこの報われなさを完全に理解しているにもかかわらず、ヴァニナよりも革命を選ぶ。

自らを犠牲にして祖国を愛することは、合理的なコスト計算を超える。このマゾヒスティックな情熱《パッション》＝受苦の力は、多くの愛国的な革命家を「愛ゆえの死」へと導く。この場合、死とは肉体的な死に限らず、社会的な死も含む。革命に参加したせいで、重い処罰を受けたり、その社会からの離脱を余儀なくされたりするのは、何ら珍しいことではない。

どのみち大きな苦労とリスクを負うことになるにせよ、祖国に残って命がけで革命するか、生命を守るために離脱して国外で活動を続けるか、という選択をすることはできる。大方の日本人は、香港の民主主義者には亡命を勧めたくなるだろう。しかし、それも簡単にはいかない。なぜなら、離脱はスキルが極端に落ちる可能性が高いからである。

アーレントが述べたように、亡命者は往々にして生まれ故郷、仕事、言語、親類を失うが、それは日常生活への慣れ親しみも、世界の役に立つ自信も、自然な受け応えも、実りある私的関係もすべて剝奪されることと等しい。[*9] これまでできたことが急にできなくなる、このつらい状況は自尊心をさいなむ。環境の支援を受けられない思考やコミュニケーションは、たいてい衰弱せざるを得ない。しかも、その環境を異郷で再構築するのは至難の業である。まさに徐承恩が示したように、香港はさまざまな偶発的な歴史の合流点であり、その慣習や言語のもつ力はよそでは複製できない。離脱は事実上、表現やコミュニケーションの基盤の多くを失うことを意味する。

それでも、離脱が革命であり得た例も過去には少数ながら存在する――モーゼがイスラエル人（ユダヤ人）を率いてエジプトを脱出した「出エジプト」のように。しかし、香港の本土主義者がエクソダスを試みたところで「乳と蜜の流れる場所」としての「約束の地」はどこにもない。闘争でも離脱でも未来の展望が開けないとき、彼らがカオス界の偉大な領袖として反左派闘争を繰り広げてきたトランプに同一化したのは、不思議ではない。なぜなら、トランプは地球上で誰にも代表されない者たちを代表するジョーカーだからである。

5　東西の革命概念

ともあれ、香港の現状は革命にまつわる諸問題を呼び戻している。このことを思想史的なコンテクストに位置づけてみよう。

香港デモの要求を遡れば、万人の自由と解放を目的としたフランス革命に到るだろう。フランス革命はその信念が世界じゅうにコピーされ、社会や政治の前提を大きく変えたからこそ、人類史を画するイベントとなった。このような革命は近代以前には存在せず、その政治史上の新しさにおいて際立っている。アーレントによれば、戦争が「記録されている過去のうちでももっとも古い現象に属する」のと対照的に「革命は多くの政治的記録のうちで最新のものに属する」[*10]。

フランス人が政治革命をやったとしたら、カント、フィヒテ、ヘーゲルのようなドイツ人思想家はそれを哲学革命に変換した。ヘーゲルの考えでは、フランス革命によって、はじめて政治的自由が万人の権利にまで高められた。「絶対的自由という未分の実体が世界の王座につき、これに抵抗できる力など一つとして存在しない」。ヘーゲルはこの変化は不可逆であり、未来のあらゆる法秩序と国家秩序は自由を根拠とせねばならないと考えた。

それ以前に、フィヒテは絶対的自我を静的な「存在」ではなく動的・行為的な「事行」と見なす立場から、革命の権利を根拠づけた。フィヒテがやったのは、フランス革命の提出した政治的諸問題を、哲学的カテゴリーに移し替えることである。ただし、これは革命という社会的行為が、ドイツでは極端に抽象化されたことを意味する。マルクスはフランス人が革命を実践したのに対して、ドイツの哲学者はその社会の後進性ゆえに観念的な空想を弄んでいるだけだと、手厳しく批判した[*11]。

こうして、ヨーロッパでは近代になって「革命と哲学」が深く連関するようになった。それと対照的なのが中国である。というのも、中国ではむしろ古代から、革命の問題は思想のテリトリーで検証されてきたからである。

例えば、孟子はすでに政治は人民のためにあるとして、民の福利や安寧を損なう君主に対する革命を肯定していた。孟子にとって、民意を裏切った君主を倒すのは、反逆ではなく道徳的に正しい革命である。逆に、同じ儒家でも荀子は民意に価値を認めず、秩序＝礼の護持こそを政治の核心と見なし、革命も否認した。荀子の「反革命」の政治学は、やがて法家の理論と結びつく。革命と反革命、そのいずれの考え方も中国思想の伝統にコードとして組み込まれていることは、ここで注目してよいだろう。

ただし、中国の革命概念はフランス革命のような自由や解放のテーマをもたない。さらに、たとえ体制の激変をもたらしてでも、民意に沿った革命が優先されるケースがあるという孟子の主張は、確かに民本主義的であるが、それはまだ民主主義にはたどり着いていない。[*12] 自由と民主が理念化されるのには、やはり近代ヨーロッパの革命を待たねばならなかった。

もう一点、中国の政治学の争点として重要なのが、革命の中心的な座を民族に与えるか、それとも世界に与えるかという問題である。すでに紹介したように、左伝学が民族革命（尊王攘夷）に結びつくとしたら、公羊学は世界革命（大一統）を肯定した。この二つの革命観は政治のモデルとしての効力をなお有している。香港のナショナリズムが左伝学ふうの「攘夷」（反共）を含むとしたら、中国の一帯一路構想は公羊学ふうの世界帝国のヴィジョンへとつながるだろう。

6　見かけの偽造

二〇世紀の中国は革命に明け暮れた。一九一一年の辛亥革命から、文学革命、共産主義革命、文化大革命へと到る歴史は、マイケル・ウォルツァーの言う「世俗革命」（旧体制の解体）のプロセスとして捉えられる。とりわけ、文革は知識人や宗教の権威を執拗に打ち砕いた。今のような「党国」ができあがったのは、共産党に並び立つ存在が、度重なる革命を経て制圧されたからである。

ただ、そのような革命をさらに続行することは、もはや危険である。今の中国政府にとって、体制のドラスティックな変化は望ましくない。前章でウォルツァーに即して述べたように、天朝主義ないし天下主義のような新保守主義的なイデオロギーは、むしろ「宗教的反革命」（旧体制の復活）と親和性が高い。ただ、共産党が公式に革命の歴史を捨てることはないだろう。

では、中国の思想家は革命のテーマを今後どう処理していくのだろうか。この点について、趙汀陽の見解は象徴的である。

趙はフランスのレジス・ドブレ――かつてキューバ革命に参加し、その後は「メディオロジー」の提唱者となった――との往復書簡のなかで、中国には性質の異なる三度の革命があったと記している。第一は殷から周への易姓革命であり、ここで「普遍主義的な天下体系」および「礼楽制度」が樹立された。第二は秦漢王朝の成立であり、それが中央集権的な中華帝国を築いた。そして、第三が一九一一年から今日に到る現代の革命である。

前二者が中国思想の生んだ制度革命であったのに対して、三度目の革命は西洋から強いられたものである。趙によれば、この西洋式の革命は「必要」からではなく現実離れした「欲望や夢想」に基づく「故意の革命」であり、その点では中国の文革も一九六八年のパリの五月革命も変わらない。逆に言えば、中国式の制度革命は時勢の要求に正しく応じた「順応行動」、つまり「順天」の行為である。[*13] 文革の狂気を経験した世代として、趙は明らかに、天との調和を謳う中国的革命を評価していた。

要するに、趙汀陽にとって、中国の革命史は二重底になっている。たとえ二〇世紀の西洋式革命がトラウマ的な失敗に終わったとしても、中国固有の革命の哲学はさらにその底面にあり、いつでも復活するチャンスがある。だからこそ、趙は天下＝世界の樹立をあくまで「革命」の一環として語ることができる。

もとより、趙の言う天下＝世界はその実像があいまいだが、むしろそのあいまいさこそが国家のまとう衣装として役立つ。そもそも、ジジェクが言うように、二〇世紀の全体主義化した共産主義――スターリニズムから北朝鮮の金正日体制まで――は「見かけ」の偽造に取り憑《つ》かれていた。そこには、社会がうまくいっているように外面を整え、それを人民が信じてみせるという「空虚な身振り」がある。この空虚なゲームの象徴的な効力を保つために、体制はときにきわめて残忍になり得る。ジジェクによれば、それは礼儀のもつ残忍さと類似するものである。[*14]

これは今の中国でも変わらない。中国政府が一切の妥協なしに、きわめて強硬に周辺部を抑圧するのはなぜだろうか。その理由もやはり「見かけの偽造」に関わっている。中国の諸民族は「天朝」に抱擁され、平和のうちに共存している——失点を恐れる官僚組織は、この文明の見かけを何としても維持しようとする。したがって「外国勢力」の息のかかった民主派や宗教者は、多民族国家の平和を脅かす危険な分離主義者として、その存在ごと殲滅されなければならない。この官僚的な論理は、往々にして神経症的な抑圧に転じる。

してみると、今の香港と中国は革命の概念を挟んで、ちょうど対極にあると言えそうだ。前者は時代革命の名のもとに、西洋式の自由・民主・法治の樹立を掲げ、そのプラットフォームとして「ネーション」を構成する。後者はもはや共産主義革命を声高に主張しないが、諸民族・諸国家の協和する「世界」の見かけを必要としており、それが中国の古い革命思想を再来させる。二つの革命はともに未完成であり、しかももはや自力で停止することはできない。このレースの支配者は香港でも中国でもなく、変化を引き起こす力や情勢、すなわち中国語で言う「勢」である。

＊1　丸山眞男『戦中と戦後の間――1936－1957』（みすず書房、一九七六年）三〇五頁。この認識の延長線上に「民主主義とは永久革命である」という丸山の有名な言葉が出てくる。

＊2　スラヴォイ・ジジェク『ジジェク、革命を語る――不可能なことを求めよ』（パク・ヨンジュン編、中山徹訳、青土社、二〇一四年）一九六頁。

＊3　ハンナ・アレント『革命について』（志水速雄訳、ちくま学芸文庫、一九九五年）一一四頁。

＊4　ジェルジ・ルカーチ『小説の理論』（原田義人・佐々木基一訳、ちくま学芸文庫、一九九四年）三〇、一〇八、一一〇頁。

＊5　徐承恩『香港、鬱躁的家邦――本土観点的香港源流史』（左岸文化、二〇一七年）五、三九頁。

＊6　呉叡人「致一場未完的革命」李雪莉編『烈火黒潮――城市戦地裡的香港人』（左岸文化、二〇二〇年）一五、二二頁。この本に限らず、台湾の出版界は、香港の民主化運動に言論の場を提供してきた。蔡英文総統が香港への支援メッセージを送り続けてきたことも含めて、台湾は政治的な重要性をいっそう増している。

なお、反エリート主義は世界的な傾向である。ブルガリア出身のイワン・クラステフは『アフター・ヨーロッパ――ポピュリズムという妖怪にどう向きあうか』（岩波書店、二〇一八年）で、EUのプロジェクトの行き詰まりを、ブリュッセルの「世界主義的（コスモポリタン）エリート」への反発と結びつけている。中欧の知識人は、コスモポリタンな《ヨーロッパ》の理念への郷愁をもつが（ホテルのロビーを避難所にした亡命作家のヨーゼフ・ロートはその典型である）、民衆はむしろそのようなエリートに反発し、難民にも冷淡である。極右のポピュリストはこの敵意を利用して、勢力を拡大した（六〇頁以下）。

＊7　ジジェク前掲書、二一頁。

＊8　スタンダール『ヴァニナ・ヴァニニ　他四篇』（生島遼一訳、岩波文庫、一九六三年）二一―二三頁。

＊9　ハンナ・アレント『パーリアとしてのユダヤ人』（寺島俊穂・藤原隆裕宜訳、未来社、一

九八九年）一〇頁。

＊10　アレント『革命について』一二頁。

＊11　ヨアヒム・リッター『ヘーゲルとフランス革命』（出口純夫訳、理想社、一九六六年）二四、三四頁。マンフレート・ブール『革命と哲学――フランス革命とフィヒテの本源的哲学』（藤野渉他訳、法政大学出版局、一九七六年）一二六、一三〇、一四二頁。さらに、スーザン・バック＝モースは『ヘーゲルとハイチ――普遍史の可能性にむけて』（岩崎稔・高橋明史訳、法政大学出版局、二〇一七年）で、ヘーゲルが奴隷解放に興味をもち、『精神現象学』の執筆と同時期のハイチ革命も知っていたと推測している。ヘーゲルの「主人と奴隷の弁証法」はたんなるメタファーではなかった。

＊12　小島祐馬『中国の革命思想』（筑摩書房、一九六七年）二九頁以下。

＊13　雷吉斯・德布雷＋趙汀陽『両面之詞――関於革命問題的通信』（張万申訳、中信出版社、二〇一四年）一二頁以下、三九頁以下。

＊14　ジジェク前掲書、七九頁。

第十二章　歴史の量子化、興亜のテクノロジー

1　歴史の量子化

岡倉天心の英文著作『日本の目覚め』（一九〇四年）には、帝国主義の時代を背景とした「西ヨーロッパの栄光はアジアの屈辱にほかならない」という有名な一節がある。この屈辱的状況に立ち向かうために、ロマン主義者である天心はアジアの共有する「美」を宣伝した。アジアはヨーロッパ列強のせいで苦境に陥った一方、美の歴史において輝かしい業績を生み出してきた――これは政治的劣位を芸術的優位に、弱者を強者に反転させるレトリックである。丸山眞男が言うように、（屈辱の）歴史をはねのけようとする天心の強烈な自我意識は、（美の）歴史を覚醒させようとする衝動と混ざりあっていた。[*1]

天心のように屈辱やコンプレックスをバネとする歴史観は、近代中国でも強い力をもった。中国には一八四〇年のアヘン戦争以来、外国勢力によって一世紀以上にわたり国家的な恥辱を嘗《な》めさせられてきたという「百年国恥《こくち》」のストーリーがあり、その悲惨な記憶の共有がナショ

ナリズムを支えてきた。ここにもやはり、はねのけるべき負の歴史に同一化するという屈折した集団心理がある。

しかし、天心の著作から一世紀後、状況は一変した。中国はシルクロードの再創造を進め、ヨーロッパを凌駕する大国となった。アジアは「屈辱」の時代を脱し、老化したヨーロッパを尻目に「栄光」を取り戻したようにも見える。このパワーの増大と呼応して、これまでの中国の歴史観も部分的に修正されつつある。

例えば、中国史家のラナ・ミッターは、第二次大戦の集合的記憶と中国のナショナリズムの関係について、興味深い見解を述べている。これまで中国は世界戦争の「犠牲者」として自らを位置づけてきたが、近年のメディア――美術館の展示や映画からソーシャル・メディアまで――にはその戦争の「勝者」として中国を表象しようとする動きがある。一帯一路のリーダーとして国際秩序を樹立したい中国は、その起源となるようなポジティヴな神話を求めており、そのことが集団的記憶の改訂を促している。

この「歴史修正」に関わって、戦時下にインドを訪問してガンジーとの連帯を確認し、カイロ宣言においてもアメリカのルーズヴェルトやイギリスのチャーチルを相手に国際的なプレイヤーとして立ち回った国民党の蔣介石が、改めて脚光を浴びることになった。つまり、蔣の業績には今の中国の目指すポジションが先取りされていたのである。しかし、ミッターによれば、蔣の評価は「シュレディンガーの猫」のような二重性を含んでいる。

戦時中、蔣介石は明らかに、インドや他のアジア諸国の独立、およびこの地域での西洋の支配の終局を手助けした。それとは異なる状況下ではあるが、今日の中国の一帯一路構想は、この地域を平和的に発展させ、西洋（例えばアメリカ）のヘゲモニーの痕跡を残らず取り除く手段と目されている。このような主張から、戦後における蔣介石の歴史的身分について、シュレディンガー的な解釈が現れる。つまり、中国にとって、一九四五年から四九年のあいだの戦中および戦後の国民党の主張は、合法的なものとして維持されねばならない。しかし、共産党が国民党体制を一九四九年に打ち負かしたことも、正当化されるのである。[*2]

要するに、蔣介石は一面では肯定され、他面では否定される。それは中国が、外向きにはアメリカに代わる世界のリーダーであることを宣伝しつつ、内向きには共産党支配の正統性をたえず確認せねばならないからである。中国の自己イメージは変化の途上にあり、それが歴史解釈の量子的な重ね合わせを誘発することになる。

2　世界の引き入れ

結局のところ、歴史をどう書くかは「観測者」の属する環境によって大きく左右される。例えば、今の中国では、明の永楽帝の時代に大艦隊を率いて、南海（南シナ海）からアフリカにまで到った鄭和《ていわ》が評価されている。ヴェトナムやフィリピン等と南海の主権をめぐって激しく争っている中国では、一部の学者が鄭和をこの地に派遣された「和平使者」として称揚し、古くから領土権があるという主張の裏づけに用いているのである。*3

逆に、辺境の観測者たちは、このような拡張を正当化する歴史観を甘受するわけにいかない。それゆえ、彼らの議論はしばしば「天朝」の優位性を転覆する狙いを秘めていた。例えば、今の台湾や香港で大いに話題を呼んでいるのが、四川省に生まれ新疆で官職に就いていたこともある劉仲敬《りゅうちゅうけい》という在野の思想家である。劉は二〇一〇年代以降、『中国窪地』や『満洲国』をはじめ、独自の歴史エッセイを驚異的なスピードで量産している。彼の主張には奇説やこじつけも目立つが、その骨子だけ言えば、中国は東アジアの大国であるどころか内陸アジアの「窪地」であり、中国中心主義(sinocentrism)は幻想にすぎないというものである。

大陸サイドのナラティヴは、中国史の範囲を自国だけで留めず、東南アジアやシルクロードをはじめとする周辺の諸地域にまで引き延ばそうとする。趙汀陽の「旋渦」モデル(第四章参照)は、それを超ナショナリズム的な歴史哲学として語ったものである。逆に、劉仲敬や彼を支持する辺境(港台)サイドのナラティヴは、その同じ歴史を、中国を矮小化し脱中心化する資料に変えようとする。つまり、彼らの考えでは、中国は決して歴史の中心ではなく、内陸アジアの遊牧民に対して従属的な存在なのである。

このような歴史観の闘争が生じているせいで、今の両岸三地ではさまざまな解釈の重ね合わせ、いわば歴史の量子化も起こりやすくなっているように思える。共通する傾向として、自国の歴史に《世界》をいかに引き入れるかが関心事となっていることは、注目に値するだろう。前章で述べたように、香港の本土史観も、イギリスの植民地政策による世界の引き入れに、決定的な重要性を認めていた。

台湾の歴史記述もその例外ではない。第六章で紹介したように、グローバル・ヒストリーのなかに台湾を位置づけようとする動きがある。それによって、台湾は中国の属領ではなく、近代の世界システムから生じたプレイヤーとして、世界史の舞台に現れることができる。

それはまた、植民史をグローバルな文脈で再考することにつながる。従来のポストコロニアリズムは西洋中心主義を批判するにもかかわらず、あるいはそれゆえに、もっぱら西洋だけを植民地化の犯人と見なしてきた。だが、台湾の史書美はそのような知的偏見を批判し、非西洋諸国による植民に注目している。

近年、多くの新しい清史の学者たちが指摘するように、西欧の植民よりちょっと早いか、同じ時期に成立した満清帝国は、事実上、近代的な意味での植民大国であった。台湾はまさにこの時期に満清帝国に編入された。ゆえに、それは近代植民史の一部である。ただ、学者たちが西欧の海洋植民のモデルに集中したせいで、満清の大陸植民のモデル――チベット、新疆、モンゴル等に版図を拡張したようなこと――が見落とされただけだ。まして、台湾は島嶼なのだから、満清が台湾を占領したことは西洋の海洋植民のモデルに合致するのではないだろうか。[*4]

東の台湾、香港から西の新疆、チベット、内蒙古まで、中国共産党の支配への抵抗運動は何度となく起こってきた。この民族衝突の原因は、「植民大国」であった清による中国の版図の再定義にまで遡ることができる。今日の一帯一路構想も、歴史的に見れば清の時代に着手された植民地化（大陸植民）のプログラムを、武力を使うことなく再起動するものである。われわれはこの「帝国建設」の時代に生きる観測者として、過去のユーラシアの歴史を振り返る必要があるだろう。

3 パリンプセストとしてのウイグル・ネーション

今や国際的な懸案事項となっている新疆問題も、この西方への植民史と切り離せない。石油と天然ガスの産出地としても知られる新疆は、もともと複雑に入り組んだ交通空間であった。新疆西部のカシュガルは古くからオアシス都市として栄え、今は一帯一路の要衝となっている。

中国は一帯一路構想を進めるにあたり、枢要な「六大経済走廊」（six major economic corridor）として①中国–モンゴル–ロシア、②新ユーラシア・ランドブリッジ、③中国–パキスタン、④中国–中央アジア–西アジア、⑤中国–インドシナ半島、⑥バングラデシュ–中国－インド－ミャンマーという六つの経済回廊を定めているが、このうち中国－パキスタン経済回廊（CPEC）は、カシュガルとパキスタン南部の港湾都市グワーダルを結び、陸と海のシルクロードを接続しようとする。さらに、中国－中央アジア－西アジア経済回廊もやはり新疆を起点に、カザフスタンをはじめ中央アジア諸国を経てペルシャ湾、アラビア半島にまで到る。つまり、新疆の領有は、中国がユーラシアの帝国であることの証明なのである。

　とはいえ、東トルキスタン（新疆）が「中国」の一部になったのは、それほど日付の古いことではない。一八世紀まで、この地域はモンゴル系のジュンガルの勢力圏であった。清の乾隆帝はジュンガルを平定し、この地を中国の版図に組み込んだ。このモンゴル帝国を縮退させた「西征」によって、中国とロシアという二つの巨大な帝国がユーラシア大陸で向かい合うことになったのである。[*5] 新疆の征服はたんなる一地方の領有に留まらず、世界史的にも特別な意味があった。

　それでも、清の支配は決して盤石ではなかった。清の支配に対してムスリムが大規模な反乱を起こした「同治の回乱」（一八六四年）に乗じて、ヤクブ・ベクがタリム盆地一帯を制圧する。それに対して、清は塞防派《さいぼうは》（イギリスの脅威を重視する海防派に対して、ロシアを脅威と見なすグループ）の左宗棠《さそうとう》を派遣してこの地を奪還し、一八八四年に新疆省が設置された。もしこの軍事行動がなければ、新疆は外国の領土になっていただろう。

　この「新疆」（新しいフロンティアの意）という命名そのものが、露骨に植民地主義的であるのは言うまでもない。しかも、清による西征はアジアの植民史の高潮と重なっている。ちょうど清が東トルキスタンの支配を確立しようとした時期に、イギリスは一八五七年のシパーヒーの乱を平定した後にムガル皇帝を廃位させ、一八七七年にインドの植民地化を完了した。この両者の同時性はふつう意識にのぼらないが、それは史書美が言うように、植民史が西洋中心になっていることの弊害である。

二〇世紀に入ると、今度は「汎トルコ主義」を背景としたトルコの近代的な知識人の影響を受けて、トルコ系のムスリムであるウイグル人たちが自らの文化的アイデンティティに目覚め、一九三三年に第一次東トルキスタン民族独立運動を起こした。ウイグル人は新疆の漢族優位社会におけるサバルタン（従属者集団）であり、集団的な不満が独立への機運を高めたのである。しかし、漢族の軍人で、日本への留学経験もある盛世才《せいせいさい》が、ソ連の支援のもとで「東トルキスタン共和国」の結束を切り崩し、新疆を平定した。

盛世才の政権は親ソ・反日を掲げたが、やがてソ連を裏切って中国国民党の側につく。逆に、ウイグル人はソ連の支援を受け入れたが、そのことがかえってソ連の発言権を肥大化させることになり、一九四四年の第二次東トルキスタン民族独立運動も失敗に終わった。その後の国共内戦を経て、新疆は共産党政権に吸収され一九五五年に「新疆ウイグル自治区」が設置された。

このように、東トルキスタン（新疆）はめまぐるしく支配者が入れ替わる係争地である。弱小民族であるトルコ系のムスリムは、この諸帝国の交差点で「ウイグル」としてのアイデンティティを形成してきたが、その試みは政治状況に大きく左右された。ある研究者の表現を借りれば「ウイグル・ネーションはイスラム的、トルコ的、ソヴィエト的な国民史とアイデンティティの概念のパリンプセスト〔再利用された羊皮紙〕として現れた」[*6]。つまり、ウイグルのアイデンティティは、大国間のゲームのなかで何度も上書きされた写本のようなものである。

もとより、いかなるアイデンティティも文化的な交雑によって成り立つ以上、そこには大なり小なりパリンプセストとしての性質が宿る。特に、諸勢力が交差する辺境地域は、その性質がいっそうはっきりするだろう。ただし、香港、台湾、日本、韓国のような辺境の場合、中華文明という伝統の岩盤があり、アイデンティティを構成する語彙もある程度それに裏打ちされている。しかし、ウイグル・ネーションという「写本」はいわば厳しい外気にさらされており、それゆえに破損の危機と隣り合わせなのである。

4　宗教の排撃

帝国のフロンティアとしての新疆は、オスマン・トルコやソ連の知的・軍事的作用も強く受けるコンタクト・ゾーンであり、中国の版図であることは必ずしも自明ではなかった。中国領としての新疆はまだ歴史が浅い。だからこそ、今の中国政府は新疆の統治にあたって、強権を用いることも辞さない。

その場合、ウイグルの重層的なネーション意識は、支配者にとって厄介な障害物でしかない。習近平の「中華民族の偉大な復興」というスローガンは、複数のエスニシティを許容しても、複数のネーションについてはそれが民族自決を志向するうちは決して許容しない。かつてソ連の援助を受けていたウイグル人のムスリムは「外国勢力」を導き入れる水路と目され、警戒対象とされてきた。新疆のモスクは公安の監視対象となり、ときに取り壊されている。外的には平和を謳い、内的には暴力をふるう――これは文字通りのドメスティック・バイオレンスと言うべきだろう。

宗教に対する敵意は、チベットの仏教にも向けられてきた。チベット人詩人のツェリン・オーセル（茨仁唯色）は、文化大革命の時期に迷信を打破するという名目のもとに、チベットで大量の寺院が破壊されたこと、しかもこの廃仏毀釈が表象のレベルで隠蔽され、外部に伝達されなかったことを告発している。[*7] ここには「啓蒙の弁証法」（アドルノ&ホルクハイマー）がある。つまり、理性の力によって専制に打ち勝とうとする啓蒙のプロジェクトが、そのまま野蛮な暴力を正当化したのである。

さらに、このような抑圧は文革で終わったわけではない。オーセルとその夫の王力雄によれば、チベットの中心都市であるラサの伝統建築は、一九八〇年代半ばまでは多く保存されていたにもかかわらず、二〇〇一年までに三分の一以上が失われ、チベット人にとって神聖なポタラ宮の周囲には高層ビルが次々と建てられるようになった。この「文化帝国主義」の進行によって、清明節、端午節、中秋節のような漢民族の伝統的な祭りがチベットでも法制化される一方、その他の民族の「表情」は抹消されることになる。[*8]

ウイグル人のイスラム教やダライ・ラマの仏教は、分離主義（分裂主義）の温床と見なされ、執拗に攻撃されている――実際にはダライ・ラマはチベット独立ではなく、自治を求めているだけだが。その反面、過去のシルクロードが諸宗教の通り道であったことは、中国にとって利用価値をもつ歴史的事実である。現に、今の中国は「一帯一路と仏教」というたぐいのテーマを、シルクロード周辺の諸国家の共存共栄を謳う宣伝として用いている。[*9] 宗教を排撃しつつ利用すること――ここにもやはり先述した「重ね合わせ」が生じている。

5 シルクロードの技術的再創造

二〇世紀後半の世俗革命のもたらしたものは、きわめて大きい。それは宗教から独立性を奪って物質主義を勝利させ、社会統制を容易なものとした。ラサは近年急速な近代化を遂げて、その街並みは大きく変容したと報道されている。貧困解消プログラムが定められ、山間から都市部への移住が奨励されたことによって、チベット人の信仰は経済的な実利に凌駕されるようになった。

こうした世俗化の進展は、シルクロードを唯物論的な道の世界へと作り変えている。ラクダに乗った隊商が砂漠を横断するロマンティックなイメージは、今やおとぎ話の一頁となった。ディジタル・シルクロード（数字絲綢之路）、スペース・シルクロード（宇宙絲綢之路）、ヘルス・シルクロード（健康絲綢之路）等の新種の宣伝文句が示すように、シルクロードはデータパワーとバイオポリティクス（生政治）によって舗装された巨大な経済圏へと移行しつつある。パンデミック以降、世界のヘルスケアの主導権を握ろうとする中国は、医療物資やワクチンの供給にきわめて熱心に取り組んだ。

本書で述べてきたように、一帯一路構想の鍵が、インフラ投資と経済的組織化にあるのは明らかである。石油や天然ガスのパイプラインがシルクロード一帯に張り巡らされ、高速鉄道建設や水力発電のプロジェクトも各地で進められている。このプラットフォームによる統治は、ユーラシア大陸を超えてアフリカにも及ぶ。人民解放軍とつながりがあると目される華為《ファーウェイ》とZTE（中興通訊）は、監視カメラを含んだディジタル技術を、シルクロードのみならずエチオピアやケニア等にも輸出し、広州のIT系のスタートアップ企業はジンバブエと契約を結んだ。一帯一路はたんに生産物を消費地に運ぶ計画ではない。ブルーノ・マカエスによれば「オリジナルのシルクロードとは異なり、一帯一路の本質は輸送のインフラストラクチャーにではなく、経済的な統合にある[*10]」。

では、このシルクロードの技術的再創造は、資本主義の歴史のなかにどう位置づけられるだろうか。いささか唐突なようだが、ここでレーニンが一九一七年に刊行した『帝国主義論』の論点に立ち返っておきたい。

帝国主義を「資本主義の最高の段階」と見なしたレーニンは、金融資本による「独占」をその核心と見なした。二〇世紀の資本家は「生産の集中」へと駆り立てられ「競争は独占へと変容する」。闘争は巨大な独占体（シンジケート、カルテル、トラスト）どうしで起こり、インフラへの投資がその主要な戦略となる。例えば、鉄道建設は一見すると何の変哲もない、文化的かつ民主的な事業に思えるが、レーニンの考えではそれこそが植民地化を加速させるプロジェクトなのである。

デッドヒートを繰り広げる複数の帝国主義は、植民地への資本投下を経て利益をあげる「高利貸し国家」の様相を呈し、金融ネットワークのなかに資本家たちを組み込んでいく。レーニンによれば「金融資本の時代になると私的独占と国家独占が一体化」するのであり、しかも「どちらの独占形態も実際には、世界分割を目指す巨大独占資本家が繰り広げる帝国主義的闘争の断片にすぎない」。こうして、官民一体となって独占に血眼になった帝国主義が、猛然と競争を進めたために「世界の分割」は決定的なものとなった……。[*11]

二一世紀の今となっては、帝国主義はすでに擦り切れ、カビの生えた概念にも思えるが、帝国主義の本質を独占資本主義として定義したレーニンの洞察そのものは、再検討される余地が大いにある。現代の資本家たちは情報産業の勃興とともに、新しいタイプの「独占」への野心を燃やしている。レーニンの言う「生産の集中」が「情報の集中」にシフトしたとき、少数の独占体が情報の流れを制御するようになり「世界の分割」も再開されたのである。

ただ、その場合「私的独占」と「国家独占」がいつも結びつくとは限らない。GAFAのような超巨大なプラットフォーム企業がそうであるように、新しい資本はコミュニケーションの独占と情報の集積に駆り立てられ、そのせいで諸国家との軋轢を生んでいる。国家にとっては、自治と主権を弱体化させかねないもう一つの帝国的な事業体が出現したのも同然であり、その法的な規制は急を要する課題となっている。国家と資本はいつでも敵対的関係に入る可能性がある。かたや、中国の情報産業にしてもプラットフォームを掌握しようとする点では同じだが、一帯一路の主要企業にはもっぱら中国政府の息がかかっている。中国のように国家と資本が連携すれば、帝国主義的な「壟断」(独占)はより効率的に進められるだろう。

こうして、中国は物質的・経済的なレベルで《世界》を引き入れようとする帝国的な動きと、強力なリヴァイアサンとしての主権国家を護持しようとする動きを「重ね合わせ」にしながら、シルクロードの新しい帝国主義の主役となっている。この帝国＝天朝の拡大が現地で軋轢を生むケースも珍しくないが[*12]、それも含めて、独占の進展に呼応した社会理論と歴史観を構築することが急務だろう。

6　テクノ／バイオ／ライフ

その理論的構築の準備として、もう一点強調しておきたいのは、プラットフォームによる統治が二一世紀の中国以前に、二〇世紀の帝国日本において先駆けられていたことである。日本の植民地統治はまさに通信、発電、衛生学等をめぐる技術的なプロジェクトであった。その網羅的な説明をやる余裕はないが、以下、数名のキーパーソンに言及しておきたい。

一八五七年生まれの後藤新平は、もともと日清戦争の帰還兵の検疫を担当した行政官僚であり、その手腕を買われて台湾総督府民政長官に抜擢された。後藤のプランは、ドイツの衛生学から着想を得た「生物学の原理」によって、台湾の統治を改善することにあった。出来あい《レディメイド》の規範をふりかざすのではなく、土地の慣習や環境そのものを固有の「生物」として尊重し、それにふさわしいオーダーメイドの秩序を樹立すること――、これはミシェル・フーコーの言う「生政治」の実践でもある。後藤はこの生物モデルをもとに、台湾の交通インフラや上下水道の整備を進め、公衆衛生を根づかせるとともに、生活のレベルでの「自治」を奨励した。[*13]

後藤がその後、満州鉄道の初代総裁に就任してインフラの整備に取り組み、関東大震災後の都市計画にも辣腕をふるったことはよく知られている。後藤にとって、土地の生態に根ざしたバイオポリティクス、テクノポリティクス、ライフポリティクスこそが統治の要諦であり、植民地という「生物」は、技術の力で改良されるべき実験場と見なされた。

後藤のようなエコロジカルな視点は、一八七六年生まれの大谷光瑞《こうずい》にも共有されている。大谷には有名な「大谷探検隊」を組織したアクティヴィスト――彼は明治期に新疆に入った数少ない日本人でもあり、ロシア側にはスパイとして警戒されていた――としての一面に加えて、今では忘れられているが、旺盛な知識欲を備えた博物学者・地理学者としての一面があった。特に、一九三〇年代以降の大谷は「東亜経済圏」の確立に向けて、植民地の地誌的なデータの収集にいそしんだのである。

大谷は帝国の南進政策の一助として、台湾のエコロジーの分析に並外れた情熱を注いだ。彼の一九三五年の大著『台湾島之現在』は「台湾島は我帝国の如意宝珠なり。その欲する所に従ひ、地に産せざるなし」という冒頭の宣言に続いて、その生態学的な条件と物産の豊かさを絶賛した。大谷は気象条件のデータを詳しく紹介した後、土壌、農業、林業、畜産、水産、鉱産、工業、交通さらには観光業というそれぞれのテーマについて、博物学的な知見を駆使しながら、それらの開発に向けた戦略を提案した。

大谷のマニア的な情熱のもと、台湾はまさに日本本土ではできない産業を次々と生み出す魔法の土地として記述されていく。彼にとっては、日本唯一の熱帯産業地である台湾をいかに開発し、経済的な自立性を獲得させるかが重大な関心事となった。台湾全土の地勢を詳しくデータ化し、標本化し、余すところなく動員しようとする彼の戦略は、どこか経営シミュレーション・ゲームを思わせるところがある。

さらに、大谷は一九三九年から四〇年にかけて全一〇巻に及ぶ『大谷光瑞興亜計画』を発表し、中国を原料国に留めるのは愚策で、むしろ工業国として発展させねばならないと説きながら、政体論（具体的には連邦制の導入）から開発論に到るまで、膨大な提言をおこなった。かつて大谷を西域の探検へと駆り立てた宗教者の情熱は、アジアの広大な大地の生産性を最大化しようとする企業家の計画へと飛躍したのである。彼の「興亜」の計画が、日本の帝国主義と呼応するものであったのは言うまでもない。

繰り返せば、一八六三年生まれの岡倉天心は、美を紐帯とするアジアというユートピア論を語った。後藤新平や大谷光瑞も同じ明治人として、そのようなロマンティックな膨張主義を抱えつつも、より実態に即した生物学的あるいは地誌的なデータを統治の技術として用いようとした（ただし、天心も初期の中国旅行日誌では文化人類学的なフィールドワーカーとしての顔をのぞかせており、その成果を日本式のプロジェクターである「幻燈」で発表したことも興味深いエピソードである）。植民地の生態や風土に密着し、その潜在能力を最大限に引き出すこと——、そこに彼らの社会工学《ソーシャル・エンジニアリング》の狙いがあったと言えるだろう。

7 興亜のテクノロジー

近代日本の知識人にとって、真に理想的なアジアは未来において到来するものであり、その限りでユートピア的な色彩を帯びていた。「アジアは一つ」という天心の宣言は、現実の説明というよりは、未来を先取りするパフォーマンスである。だとしても、空想や希望だけで植民地を保つことはできない。日本の版図がアジア一帯に拡大するにつれて、植民地の開発や経営を合理化するための社会工学はいっそう重要性を増した。

技術史家のアーロン・S・モーアによれば、一九三〇年代以降、日本の帝国的拡大に伴って「興亜技術」や「総合技術」という大規模な社会工学のアイディアが活気づいた。「一九三一年の満州への日本の侵出は、「総合技術」と呼ばれた概念が日本の国家技師や技術者団体のあいだで発展したことと軌を一にしていた」「技師にとって帝国は、社会工学というテクノクラート的な夢を実現する空間であった」。満州国では一九三〇年代以降に、治水工事や産業開発の計画が、革新官僚や関東軍によって立案された。意欲的なエンジニアたちにとって、それらのプロジェクトは自然と社会を全体として変容させる「総合技術」の実験となった。

その一方、東南アジアでは相川春喜《あいかわはるき》のような左翼技術思想家が「エネルギー構成のアジア的システム」の名のもとに、水力発電プロジェクトに加えて、天然資源を加工・運輸する工業都市ネットワークを構想した。相川の考えでは「アジア建設」はアジアに内在するエネルギーを引き出し、再配置する技術によって果たされる。[*14] モーアは触れていないが、大谷光瑞の『興亜計画』もこの技術信仰のパラダイムに属するものだろう。

　ヨーロッパ列強に抵抗し、アジアの再創造を企てた「興亜」の計画は、現地民との融和と社会の改造を、テクノロジーの力で進めようとした。日本の「大義」はアジアを力づくで征服するのではなく、むしろアジアの内包する力を最大限に活用することにあったが、それは今日の中国の帝国建設《エンパイア・ビルディング》を予告するものである。なぜなら、ディジタル・シルクロードやヘルス・シルクロードは、まさにテクノロジーの善用を謳い文句として、情報やエネルギー、健康の管理を進める計画なのだから。

　日本にとって《アジア》がそうであったように、中国にとって《ユーラシア》や《シルクロード》も未来への投資であり、その動力は主に経済と技術にある。しかし、カール・シュミットが見抜いたように、技術が中立的であるというのは虚偽にすぎないし（第七章参照）、レーニンが指摘したように、インフラの建設はそれ自体が帝国主義の一部なのである。イデオロギーはテクノロジーの語彙によって自らを粉飾しながら、成長の衝動を解き放つ。それが日本の帝国主義の歴史から得られる教訓である。

＊1　丸山眞男『忠誠と反逆』（ちくま学芸文庫、一九九八年）三四四頁。

＊2　Rana Mitter, *China's Good War: How World War II is Shaping a New Nationalism*, The Belknao Press of Harvard University Press, 2020, p.255.

＊3　傅好文（Howard W. French）『中国拡張――歴史如何形塑中国的強権之路』（林添貴訳、遠足文化、二〇一九年）一一三頁以下。

＊4　史書美「理論台湾初論」史書美他編『知識台湾――台湾理論的可能性』（麦田出版、二〇一六年）六六頁。

＊5　Peter C. Perdue, *China Marches West: The Qing Conquest of Central Eurasia*, Belknap Press, 2005, p.2.

＊6　David Brophy, *Uyghur Nation: Reform and Revolution on the Russia-China Frontier*, Harvard University Press, 2016, p.274. また、王柯『東トルキスタン共和国研究』（東京大学出版会、一九九五年）も参照。

＊7　ツェリン・オーセル『殺劫――チベットの文化大革命』（藤野彰・劉燕子訳、集広舎、二〇〇九年）。

＊8　唯色・王力雄『聴説西藏』（大塊文化、二〇〇九年）三二、七一、一六三頁。王の考えでは、中国は一九五一年からチベットにおいて実質的な「一国両制」を試みたが、五九年にチベット蜂起が起こり、ダライ・ラマ一四世のダラムサラ（インド）への亡命という結果に終わった。王力雄『天葬――西藏的命運』（大塊文化、二〇〇九年）第五章参照。香港における一国両制の失敗は、歴史上二度目の出来事ということになる。

＊9　この点は、安藤礼二・福嶋亮大「知られざる鈴木大拙――エッセイスト・ジャーナリスト・エディター」『現代思想』（二〇二〇年一一月臨時増刊号）でも話題にした。

＊10　Bruno Maçães, *Belt and Road: A Chinese World Order*, Hurst & Company, 2018, p.53. なお、金文京が指摘するように、中国では情報や文化の伝播において、軍が重要な役割を果たしてきた。金文京・福嶋亮大「世界認識としての「三国志」」『ユリイカ』（二〇一九年六月号）所収参照。華為《ファーウェイ》創業者の任正非から、人民解放軍出身の作家である閻連科や莫言らまでを念頭に置けば、情報のマトリックスとしての軍の存在は、日本人の想像以上に大きいこ

とが分かる。

*11 レーニン『帝国主義論』(角田安正訳、光文社古典新訳文庫、二〇〇六年)一七、五一、一四三、一八一、一九八、二一四頁。

*12 例えば、ミャンマーは「中国のカリフォルニア」、つまり一帯一路の西のフロンティアと目されて、バングラデシュ－中国－インド－ミャンマー経済回廊(BCIM)においても主要な位置を占めていた。中国は水力発電をはじめインフラの整備に多額の投資をおこない、NLD(国民民主連盟)の実質的指導者であるアウンサンスーチーも一帯一路構想を表面上歓迎した。しかし、少なくないミャンマー人は中国の地政学的野心を脅威と見なして、強い反中感情をもつようになり、ラオスやカンボジアのような中国の衛星国になることに抵抗している。詳しくは、トム・ミラー『中国の「一帯一路」構想の真相——海と陸の新シルクロード経済圏』(田口未和訳、原書房、二〇一八年)第四章参照。スーチーを再び軟禁した二〇二一年二月の軍部によるクーデターが、中国とミャンマーの関係をどう変化させるかは予断を許さない。

*13 もう一人、ここで言及すべき重要人物は、後藤新平と同じく岩手に生まれた伊能嘉矩《いのうかのり》である。人類学を学んだ伊能は、日本に割譲された台湾に渡り、精力的にフィールドワークをおこなう一方、後藤が会長となった臨時台湾旧慣調査会の幹事も務めた。その調査をまとめたのが一九二八年の『台湾文化志』である(その序文は柳田国男が執筆している——それは伊能が遠野の民俗学のパイオニアでもあったことと関わる)。この大著は文化人類学的なアーカイヴであり、近年でも「台湾研究の金字塔」と銘打たれて台湾で再刊されている。

*14 アーロン・S・モーア『「大東亜」を建設する——帝国日本の技術とイデオロギー』(塚原東吾監訳、人文書院、二〇一九年)二四、七一、七七、一四八、一八九頁。モーアも述べるように、唯物論者として多くの技術論を著した相川春喜は、ヴァルター・ベンヤミンさながら「複製技術」としての映画のもつ力を高く評価していた。ドキュメンタリーを論じた相川の『文化映画論』(一九四四年)は、今村太平の『記録映画論』(一九四〇年)と並ぶ、戦前の優れた映画理論である。

終章　償われたユートピア

断ちきることのできない法則に従いながら、成長の衝動だけで、やみくもに、異様にひろがってゆく。［…］もう、そこは思考の場ではないのだ。成長が、植物が、それにとってかわってゆる。そこは、まるで温室だった。（ブライアン・W・オールディス『地球の長い午後』伊藤典夫訳）

1　イデオロギー的パスワード

イデオロギーの時代がすでに終わったという主張は、共産主義の挫折を経た世界では、相応の説得力を伴っていた。現実を恣意的に捻じ曲げるイデオロギーの色眼鏡は、人類を不幸にするだけであり、かつそのことは周知されたのだから、後は「エビデンス」に基づいた曇りなき目で物事を正しく客観的に理解していけばよい——そのような楽天的なストーリーが「ポストイデオロギー」や「大きな物語の終焉」、最近では「ファクトフルネス」（この奇妙な標語は、万物はデータに還元できるという信仰の所産である）の名のもとに語られてきたのである。

今でもたいていのリベラル派は、自らがイデオロギー的汚染を免れた清潔な良識人だと思い込んでいる。私自身、二〇代の頃にはイデオロギーの時代の終わりを無自覚に前提にしていたこともある。しかし、結局のところ、それは見込み違いであった。イデオロギーは今後も人類の危険な伴走者であり続けるだろう。それは、人間の認識するリアリティが「ファクト」の算術的な総和ではなく、断層や飛躍を含むからである。イデオロギーはその断層から生じた夢である。

そもそも、イデオロギーとはひとびとを権威や秩序に服従させるだけではなく、意識的な行動に立ち上がるようにひとびとに資格を与えるものである。つまり、イデオロギーには二面性があり、社会を固めるセメントである一方、潜在していたものを引き出す「変革的側面」をもつ。[*1] 現に、中国のイデオローグは「天下」という潜在性を、香港のイデオローグは「本土」という潜在性を、それぞれ引き出しつつ、自分たちに変革の担い手としての資格を与えている。この意識形態《イデオロギー》の力に励まされて、中国および香港の思想界はそれぞれ二一世紀に入って別の自己像に覚醒しつつある。天下主義と本土主義は序章で述べた中華圏の「第二の現実」、つまり知や観念のレベルの変化を象徴するものである。

その場合、彼らが「天下」や「本土」をまじめに信じているかは、たいして重要な問題ではない。ジジェクによれば、イデオロギーという夢は、リアリティの地盤を支える空想的構築物である。シニカルな理性を備えたイデオローグは、イデオロギーが所詮「仮面」であり、現実とずれていることをよく分かっているが、それでも彼らはそのイデオロギーに固執する。[*2] なぜなら、そのような仮面なしには、社会的なリアリティは構造化されずに空中分解してしまうからである。したがって、イデオロギーに対してまじめであるか、それともアイロニカルな距離をとっているかは、ジジェクの考えでは違いがない。

要するに、「天下」や「本土」という概念は、イデオロギーのゲームを首尾よく続行するためのパスワードである。しかし、両者のトーンは好対照をなしている。天下主義がまるで文明の頂点を極めたかのような超然とした調子を含むのに対して、本土主義は文化防衛への意志を猛烈に燃え上がらせる——それが香港の真昼の光なのか、それとも日没の輝きなのかが判然としなくなるほどに。あるいは、天下主義者が歴史的な時間を漂白し、自らの不変性を誇示するのに対して、本土主義者は事態のめまぐるしい変化の渦から、推進力を得るのである。

2　償われたユートピア

このように、中華圏の政治化した現代思想には、二〇世紀までの自己イメージを上書きしようとする衝動が芽生えている。この新たなイデオロギー現象は、王徳威や葛兆光が指摘するように、中国におけるユートピア主義の系譜の再考を促すものだろう。

王徳威によれば、近年の中国言論界は小説ならぬ大説（ナショナリズムから主権論、国境の紛争問題から経済的イシューまで含む）の流行を示してきた。なかでも一連のユートピア的ヴィジョン、すなわち趙汀陽の天下、閻学通の王覇思想、蔣慶の公羊学、甘陽の通三統、汪暉の朝貢体系等は、いずれも中国の知的伝統を参照して、西洋への対抗言説を組み立てており、まさにポスト共産主義時代の「大説」と呼ぶにふさわしい。しかも、これらの新興のユートピア主義は実はちょうど一世紀前の――つまりマルクス主義が中国を席巻する直前の――言説の再来でもある。

> これら［趙汀陽や閻学通ら］のポスト社会主義の言説と清末の政治小説およびユートピア論――特に梁啓超の『新中国未来記』と康有為の『大同書』に示されるもの――のあいだには、衝撃を受けるほどに不気味な並行性がある。［…］康と梁はともに、近代の公羊学の注釈に関する先駆者であった。しかし、新しい千年紀を迎えて現れた彼らの対話者は、自らの書き物の虚構的あるいは空想的な側面について考えることには、気乗りのしない様子である。彼らは自らをストーリーテラーではなく、思想家として位置づけているからである。[*3]

清末に大同のユートピアを語った康有為は、近年の中国の言論界で復権している。それが示唆するのは、二一世紀初頭のポスト共産主義時代のユートピアニズムが、二〇世紀初頭（清末）のプレ共産主義時代のユートピアニズムの反復だということである。王徳威の考えでは、この両者は世界主義的な公羊学をパスワードとして潜在的に対話している。

ただし、二一世紀のユートピア主義者たちはストーリーテラーを目指していない。そちらの方面はむしろ「小説」で補われている。二〇世紀初頭にジュール・ヴェルヌらの影響のもと、文明批評や科学教育を意図したＳＦらしき作品が中国で書かれたように、二一世紀初頭には、趙汀陽と同世代である劉慈欣《りゅうじきん》のＳＦが世界的な名声を得た。しかも、王によれば、劉の『三体』は幽暗意識《ダーク・コンシャスネス》を含んだ「ディストピア的転回」へと舵を切っている（詳しくは補論参照）。これは「大説」のユートピア的転回とちょうど相補的な関係にあるだろう。

言うまでもなく、中国は二〇世紀の最も強力なユートピア論である共産主義を、国家形成の基盤とした。しかし、人民公社や文化大革命等の実験は軒並み失敗に終わり、中国社会は甚大な被害を被った。ユートピアがディストピアに転化するという精神的屈辱を負ったポスト共産主義時代の中国は、経済的には鄧小平の指導のもとで資本主義へと転向しつつ、文化的には文革の傷を題材にした「敗北を抱きしめる」タイプの映画や文学、美術を生み出してきた。哲学の分野では、ポストマルクス主義者を自任しながら、近代的な主体の再建を目指した李沢厚（趙汀陽の師でもある）が、受難後の知識人のあり方を典型的に示している。[*4]

しかし、二〇一〇年代に入って拡大の道をたどる中国は、新しいシルクロードという物質主義的なユートピアを構想するようになった。膨大なエネルギー資源の通り道となり、インフラの整備も急速に進むユーラシアの経済回廊は、中国を主宰者とする諸国家の協同主義のプラットフォームとして自らを宣伝している。ポスト共産主義＝ポストユートピアの空白は、過去の反省や癒しによってではなく、世界像の成長によって埋められつつある。

それゆえ、一帯一路構想という前例のない「大説」は、二〇世紀の共産主義のトラウマ的失敗に対する贖いの（redemptive）プロジェクトという一面をもつだろう。習近平は共産主義をナショナリズムへと転換させたが、それだけでは過去の負債を帳消しにするには足りなかった。拡大する帝国的なユートピアとしての《ユーラシア》だけが、共産主義の夢の跡地を埋めることができるのである。

しかも、このユートピアの差し替えは突然生じたものではなく、この四〇年ほどの世界史の流れに根ざすものである。実際、鄧小平が改革開放に着手した一九七九年に、ホメイニはイスラムの復興を掲げてイラン革命を指導し、ヨハネ・パウロ二世は生まれ故郷のポーランドを巡礼し、アフガニスタンでは聖戦が始まり、イギリスでは新自由主義者のサッチャーが首相となった（スティーヴ・ジョブズがパーソナル・コンピュータの市場で大成功を収めたのも、まさにこの時期である）。これらの現象が示すのは、共産主義のユートピアと入れ替わりに「宗教」と「市場」が主要な社会原理にのし上がり始めたということであり、この交代劇が二一世紀社会の源流となった。[*5]

3　マーシャル・プランと一帯一路

二〇世紀初頭の康有為の大同ユートピアから、二〇世紀後半における共産主義の勝利と失敗、さらに一九七九年以降の資本主義化を経て二一世紀の天下主義へ——このようなイデオロギーおよびユートピアニズムの変遷のなかで、中国は世界像の再編成を繰り返してきた。その際、二〇世紀のヘゲモニー国家アメリカは中国の最大のライバルとしての位置を占め続けてきた。

興味深いことに、大規模なインフラ開発計画である一帯一路構想は、アメリカによる戦後ヨーロッパ復興計画であるマーシャル・プランとよく比較される。ソ連への対抗として、トルーマン・ドクトリン（積極的な国際介入を進め、共産主義の「封じ込め」を狙う政策）に導かれた一九四〇年代後半のアメリカは、荒廃したヨーロッパの再建のために損得勘定を超えた莫大な「贈与」をした。この経済政策を思想として評価したのが、当時「全般経済学」を構想していたジョルジュ・バタイユである。バタイユには、マーシャル・プランが通常の経済学の規則を踏み破る「蕩尽」の実験として映った。「マーシャル・プランは、スターリンの計画経済の蓄積に対して余剰を組織化してぶつけている」。戦争に代わって、人類の余剰エネルギーを休みなく破壊＝蕩尽するこの贈与のプランは「戦争に向かう世界の熱を冷ます唯一の手段なのである」[*6]。

バタイユにとって、マーシャル・プランは共産主義に唯一匹敵し得る大規模な経済的実験であった。同じように、今の中国のイデオローグにとって、一帯一路はかつての共産主義の失敗を乗り越えて、中国のありあまる経済的エネルギーを新しいシルクロードの建設に導くための実験である。ただし、それがバタイユの望んだような平和の保証にならないことは、マーシャル・プラン以降のアメリカの歴史を見ればおのずと明らかだが。

むろん、中国としては、アメリカの世界戦略であるマーシャル・プランと、肝煎りの企画である一帯一路を一緒くたにされたくない。中国に好意的な学者からすれば、マーシャル・プランがアメリカの覇権主義の一環にすぎなかったのとは違って、一帯一路は地域全体を富ませる互恵的なプロジェクトである。逆に、中国に批判的な学者からすれば、一帯一路がマーシャル・プランのような地政学的成功を収めるというのは、ただの誇大妄想にすぎない。この対立する両者に共通する「否認」は、しかしかえって一帯一路の望ましい到達点が、イデオロギー的に修正された中国版マーシャル・プランにあることを示しているのではないか。

4　中国の「分身」としての日本

さらに、一帯一路構想からは、一九四〇年代後半のマーシャル・プランに加えて一九三〇年代以降の大東亜共栄圏も連想される（第三章参照）。廣松渉が述べたように、大東亜共栄圏を「近代の超克」の名のもとに合理化した京都学派の哲学者たちは、自由主義、共産主義、全体主義のいずれとも異なる「協同主義」の国家を構想した。[*7] これは今ならば、一帯一路をアメリカの自由主義ともかつての中国の共産主義とも異なるプロジェクトとして、哲学的に正当化するような態度に近い。

ここで重要なのは、すでに一九三〇年代以前から、近代日本の知的世界がさまざまなユートピアニズムの萌芽を含んでいたことである。岡倉天心の美学的なアジア主義から、後藤新平や大谷光瑞らの生態学的なインフラ論に到るまで、明治の知識人は《世界》への強い衝動を抱え込んでいた。昭和の大東亜共栄圏の構想は、この前例の少ない拡大的なエネルギーの先に来るものである。

これはいささか異様な事態である。なぜ極東の島国が、突如としてアジアの帝国になろうとする分不相応な野望を抱いたのか。この「天下」への志向は本来、中国の専有物ではなかったのか……。

大陸の政治学者であり、東京大学への留学経験もある李永晶《りえいしょう》は、意欲的な評論『分身――新日本論』(二〇二〇年)のなかで、まさにこれらの問題を議論の視野に収めている。李の考えでは、近代日本は中国の思想的な「分身」であり、そのことが日本を「世界革命」へと導く動力となった。その起点となったのが水戸学の掲げた「尊皇攘夷」の思想、つまり「自分たちこそが中華である」という政治哲学であり、この中国由来の観念が「有限の民族国家」を超えて、世界の中心に躍り出ようとする「普遍主義」を日本に植えつけた。

李が注目するように、世界への意志は、明治初年に天皇の示した国策に早くも記されている。一般に布告された「五箇条の御誓文」と時を同じくして、明治天皇から発表された書簡「億兆安撫国威宣揚の宸翰《しんかん》」では「万里の波濤を拓開し、国威を四方に宣布し、天下を富岳の安きに置ん事を欲す」と明言された。日本が近代国家として確立される前に、海外進出と国威発揚の意欲が新しい指導者によって明確にされたことは、確かに日本の未来を予告するものである。李はこの拡大的なエネルギーの源を、水戸学の導入した中華意識のイデオロギーに認めたのである。

その後も日本は、たんに自国に内在するだけでは満足できなかった。李永晶の考えでは、その「新世界」への意志は、水戸学と精神的に一致するところをもつアジア主義から、マルクス主義を改造した北一輝の世界革命論、五族協和を掲げた満州国の建国、三木清の語った東亜協同体論を経て、戦後の日本国憲法制定へと到る。[*8] むろん、これらすべてを中国の文明秩序の複写と見るのは難しいが、日本が特殊な島国の地位に甘んじることなく「近代の超克」というプロジェクトへと突き進んでいった、その発端に中国的なレトリックがあったことは、李の指摘する通りだろう。

日本の多くの思想史家は、日本の近代化をナショナリズム中心に考える。それは誤りではないが、それだけでは説明できないことも多い。特に、世界を日本に折り畳もうとする誇大妄想的なイデオロギーは、ナショナリズムには収まりきらない剰余をもつ。李の評論はまさにこの過剰さに注目しながら、日本近代史の評価軸を改めようとするものである。例えば、ドイツの政治学を学んだ丸山眞男の考えでは、明治維新はヨーロッパ的な民主主義を徹底し損ねた、不完全な革命であった（第十一章参照）。逆に、李のように中国を鏡として考えるならば、明治維新はむしろ超ナショナリズム的な「世界革命」への第一歩ということになる。

もとより、日本から世界革命論を抽出し、それを中国の「分身」に仕立てあげていく李の作業は、それ自体が二〇一〇年代の中国のユートピア主義的な「大説」と連動するものである——むろん、中国がユーラシアを横断する帝国へと飛躍しようとするのに対して、日本はせいぜい東アジアの帝国に留まったという違いは無視できないが。思えば、戦後は廣松の仕事を除いて、大東亜共栄圏の政治哲学的な意義を再検討する例はほとんどなかった。その意味では、今の中国の知識人のほうがかえって、近代日本の成長を加速させたイデオロギーあるいはユートピアニズムを捕捉できるのかもしれない。

5　成長の衝動のなかで

二〇一〇年代のアジア政治においては、二〇一三年の一帯一路構想の提唱と二〇一四年の雨傘運動に象徴される両極化が進んだ。同世代人である習近平、エルドアン、モディ、安倍晋三、フン・セン（カンボジア）、ドゥテルテ（フィリピン）らがナショナリズムを推進し、ときに権威主義を強化する一方、それに抗する民主化運動も香港のみならず各地で再開されている。政治意識が相容れない二つの方向に引き裂かれたという意味で、二〇一〇年代は政治史の転機となった時代である。

本書で示してきたのは、そのことが中華圏の知的世界にどう作用したかということである。二〇世紀以来、この地域の「第二の現実」は文字通り波乱に満ちたものであった。すでに毛沢東の時代に、中国の知性史《インテレクチュアル・ヒストリー》には劇的な変化が生じていた。社会を主導するエリート知識人を嫌った毛沢東は、一九五〇年代前半の「思想改造運動」で知識人から、かつての王朝時代の士大夫がもっていた権威を奪った。あらゆる思想は階級性を免れないのだから、知識人は無産階級を代表する党の指導に従い、農民に学ばねばならない――階級を神格化する毛の戦略によって、知の独立性や自律性は破壊された。思想改造はまさに「知識の国有化」と「精神の国有化」を進める事業であり、本来の左翼的な批判精神はそこで抹殺された。

その後、文革の嵐を経て、鄧小平の時代になってようやく表面的には知識人は復権した。しかし、知識人のリーダーシップを弱体化させた社会構造の変化は、もはや不可逆に思える。中国の経済的な躍進と呼応して、エリートの復活は部分的に見られるとはいえ、それが「党国」とどう関係を結ぶかは未知数である。[*9]

そう考えると、二一世紀の中国および香港の「第二の現実」が成長や変身の衝動に駆り立てられ、政治的なパスワードを発していることは、中華圏の知性史に新たな段階を刻むものかもしれない。繁栄ゆえの危機を迎える中国では、知識人の政治的転回のなかで《世界》を引き込む新保守主義的なユートピアニズムが繁殖した。かたや、香港においては、若者の非アカデミックな草の根ネットワークが時代革命を鼓吹した。私はいわば斥候兵として、この二つのイデオロギーを育んだ「温室」を偵察してきたのである。

＊1　J・ヴィクター・コシュマン『水戸イデオロギー——徳川後期の言説・改革・叛乱』（田尻祐一郎・梅森直之訳、ぺりかん社、一九九八年）一八頁。

＊2　スラヴォイ・ジジェク『イデオロギーの崇高な対象』（鈴木晶訳、河出文庫、二〇一五年）第一章参照。

＊3　David der-wei Wang, “The Panglossian Dream and Dark Consciousness: Modern Chinese Literature and Utopia”, in Wang et al. eds., *Utopia and Utopianism in the Contemporary Chinese Context: Texts , Ideas, Spaces*, Hong Kong University Press, 2020, pp.59-60. 同書に収められた思想史家の葛兆光（Ge Zhaoguang）の論文も、想像上のユートピアとしての「天下」のもつイデオロギー的機能や文化的背景を論じて、間然するところがない。

なお、康有為は全人類を包摂する世界革命のヴィジョンを開拓し、主著の『大同書』（一九〇二年）の影響力は、弟子の梁啓超によって「火山の大噴火」や「大地震」にたとえられた。思想的激震をもたらしたせいで、康には儒教を中国の宗教に高めた改革家という評価もあれば、儒教の理念を裏切った背教者という評価もある。さらに、康は享楽主義者であり、アメリカ滞在中の一九〇五年に書かれた『物質救国論』では西洋と同じく科学技術の力による発展を説いた。詳しくは、蕭公権『近代中国与新世界——康有為変法与大同思想研究』（汪栄祖訳、江蘇人民出版社、二〇〇七年）参照。儒教がもはや儒教でなくなるぎりぎりのエッジで語られる、物質主義的な「大同」のユートピア——それは確かに現代の「中国夢」を先取りするものだろう。

＊4　李沢厚『我的哲学提綱』（三民書局、二〇二〇年）一七〇頁以下。李は唯物史観を含む歴史の目的論を拒絶し、むしろ五四時期の「啓蒙」のプロジェクトを再評価しながら、カント的な主体性と中国美学へと回帰した。この近代のやり直しは、革命の暴風に吹きまくられた後で、自律的な主体を築き直す治癒的な作業である。

＊5　クリスチャン・カリル『すべては一九七九年から始まった——二一世紀を方向づけた反逆者たち』（北川知子訳、草思社、二〇一五年）一四頁。興味深いことに、二〇二〇年に

亡くなったスパイ小説家ジョン・ル・カレの『スクールボーイ閣下』（一九七七年）では、サッチャリズム以前のイギリス経済の惨状ぶりが、イギリス植民地の香港の繁栄を鏡として映し出される。この長大な作品は、冷戦を背景としつつも、幻影のようなぼんやりとした情調を伴っており、この捉えどころのなさが新旧の社会原理の狭間にあった当時のムードを暗示している。

*6 ジョルジュ・バタイユ『呪われた部分――全般経済学試論・蕩尽』（酒井健訳、ちくま学芸文庫、二〇一八年）二六八、二七一、二八四頁。

*7 廣松渉『〈近代の超克〉論――昭和思想史への一視角』（講談社学術文庫、一九八九年）一二五頁。

*8 李永晶『分身――新日本論』（北京聯合出版、二〇二〇年）五九、九五、一二五頁。

*9 謝泳『中国現代知識份子的困境』（秀威資訊、二〇〇八年）七九、一〇七頁。Yuri Pines, *The Everlasting Empire: The Political Culture of Ancient China and Its Imperial Legacy*, Princeton University Press, 2012, chap.6. なお、習近平への崇拝と合成されたポピュリズム的なネオ毛沢東主義（アメリカで言えばティーパーティ運動に相当する）の出現も、旧来の知識人の苦境と裏表の関係にあるだろう。

補論　文化史における『三体』

（※この論考は『群像』二〇一九年一一月号に掲載されたものである。中国SFを主題とするが、本書の内容とも関わりが深いため、特別に収録することとした）

二〇一九年夏、第一部が邦訳された劉慈欣のSFシリーズ『三体』は、中国ではすでに中国SF史ひいては中国文学史の里程標として評価されている（その後第二部と三部も邦訳された）。私たち日本人もこの異色の大作を狭義のSFのジャンルにとどめず、より広いコンテクストのなかで理解するべきだろう。私自身は中国のSF＝科幻の専門家ではないが、できる範囲で、文献紹介も兼ねつつ『三体』の文化史的な位置づけを概観しておきたい。

1　中華圏におけるSF

中国大陸は長らくSF不毛の地と見なされてきたが、二〇〇八年に原著が刊行された『三体』はそれを一変させた。『三体』に続く『黒暗森林』『死神永生』から成るシリーズ三部作の驚異的な売り上げによって、著者の劉慈欣は一躍、一〇ヵ国以上で翻訳される大注目の作家になったのである。

そもそも、中国でSFが長らく根づかなかったことには文明論的な理由がある。「怪力乱神を語らず」という『論語』の有名な言葉が示すように、中国の知識人は総じて、超自然的なファンタジーを語ることには禁欲的であった。形而上学的な書物ではなく『史記』や『漢書』のような歴史書こそが、優れた古典として敬われたのも、その事実尊重の精神のあらわれである。それは日本で、公的な歴史書以上に『平家物語』や『太平記』のような在野の物語文学が歓迎されたことと、好対照をなすものだ。中国基準で言えば、著者の経歴も定かではないこれらの日本のフィクションは、胡散臭いサブカルチャーにすぎないだろう。

経験的な事実を重んじる中国人の態度は、虚構作品にも及んだ。『西遊記』や『水滸伝』というタイトルは、たとえ荒唐無稽なフィクションであっても歴史的な記録という装いが求められたことを示している。異能の武闘家たちが活躍する二〇世紀後半の金庸の武俠ファンタジー小説ですら、歴史的事実に立脚していたからこそ、中華圏で広く受け入れられたのだ。面白いことに、魯迅はこうした傾向を茶化す風刺作品を書いている。彼の代表作「阿Q正伝」の冒頭では、おしゃべりな語り手が列伝、自伝、内伝、外伝等のタイトル案を列挙し、あれでもないこれでもないと悩んでみせるが、それは中国のこの根深い歴史主義《ヒストリシズム》の巧妙なパロディとなっていた。

したがって、ＳＦのような現実離れしたジャンルは中国の知的風土から最も遠いものである。とはいえ、中華圏全体を見ればＳＦの水脈を見出すことができる。すなわち「怪力乱神」を自由に語る環境を育ててきたのは、香港のような辺境の都市であった。

かつて加藤周一はイギリスやフランスとの比較において、日本を「雑種文化」と形容したが、それを言うならば香港はある意味で日本以上に雑種的であり、その文化は西洋と東洋のごった煮である。ブルーノ・マカエスに倣って「香港人はある意味で最初のユーラシア人である」と評してもよいくらいだろう。[*1] そして、そのハイブリッドな風土では中国本土で排除されたものこそが繁栄した。中国文学者の金文京が言うように、香港では張愛玲や李碧華のような女性作家が人気を博する一方、ＳＦ、ミステリ、武侠のような通俗小説が多くの読者に歓迎されたが、これらはいずれも中国では異端的なもの、つまり「怪力乱神」を語るサブカルチャーである。[*2] 文化的な次元において、香港はまさにあべこべの中国なのだ。

特に、ＳＦの分野を開拓したのが一九三五年生まれの倪匡《げいきょう》である。上海から香港に逃れ住んだ倪匡は一九六三年以降「衛斯理《ワイズリー》（Wisely）」シリーズ――筆名と主人公の名がともに衛斯理で、一連のＳＦ冒険小説として人気を博した――を発表し続けるとともに、ＳＦに限らずミステリからポルノに及ぶあらゆる通俗的なジャンルを書きまくり、その著作の数は三百を下らない（なお、妹の亦舒《えきじょ》も香港の多作な人気作家であり、今はカナダに移住している）。まさに「書く機械」として驀進してきたその姿は、香港の雑種文化のシンボルと呼ぶにふさわしい。世界じゅうの華人を対象にした中国語ＳＦの文学賞が「倪匡科幻奨」（二〇〇一年～二〇一〇年）と名づけられたことからも、そのＳＦ史での存在の大きさがうかがえる。[*3]

さらに、香港の大衆作家たちが文学のなかだけで完結しなかったことも注目に値する。武俠小説の第一人者で二〇一八年に亡くなった中華圏の巨人・金庸も、自らが創刊した『明報』でジャーナリストとして活躍し、映画の脚本も手掛けた多芸な作家であった（菊池寛を一回り巨大にしたような作家と考えれば分かりやすい）。倪匡もやはり膨大な量の脚本を執筆しつつ、海外渡航中の金庸のピンチヒッターとして『明報』で連載中の武俠小説『天龍八部』を代筆したこともあった。彼らは豊富な現実認識とメディア横断的な感性を武器にしながら、ＳＦや武俠小説を書き続けてきたのである。

2　新世代の科幻作家

ともあれ、ＳＦはある意味で武俠小説以上に、中国文学史における非正統的なジャンルであった。だからこそ、香港や台湾ではなく中国大陸で『三体』が大ベストセラーになり、ケン・リュウ（劉宇昆）による英訳を経てヒューゴー賞まで受賞したのは、まさに異例の事件だと言ってよい。

劉慈欣は一人で中国ＳＦを世界水準にまで高めることで、中国ＳＦをめぐる状況そのものを変えてしまった（なお、彼の世界的成功はケン・リュウが通常の翻訳者の域を超えて『三体』をアメリカ向けに「編集」したことも大きい。川端康成や村上春樹にも言えることだが、アジアの作家にとって優秀な英訳者がいるかどうかは決定的な意味をもつ）。昨今の中国ＳＦは、一〇年前では想像もできなかった空前の活況を呈している。ＳＦにおける劉慈欣を、武俠小説における金庸に比す見解も一部にあるが、それも決して過大評価ではない。

劉慈欣は一九六三年生まれのエンジニアであり、すでに一九九〇年代から作家としてのキャリアを積み重ねてきた。彼の他にも一九四八年生まれの王晋康《おうしんこう》、一九六五年生まれの韓松《かんしょう》、一九七一年生まれの何夕《かせき》らが有力なＳＦ作家に数えられる。今世紀に入ってからは、八〇後《バーリンホウ》（一九八〇年代生まれ）の若手作家や女性作家も次々とＳＦ界でデビューを果たした。そればかりか、ＳＦは今や娯楽産業の拠点として大きな注目を集めている。劉慈欣の短編小説「流浪地球」（二〇〇〇年）は二〇一九年の映画版が大ヒットとなったが、今後も中国ＳＦの映画化は続くだろう。

ここで見逃せないのが、この新世代のＳＦ作家の出自として清華大学、北京大学、上海交通大学、浙江大学等の名門大学の理系の卒業者、さらに新聞社の記者が多いことである。[*4] 今の中国ＳＦは、アカデミズムやジャーナリズムの近傍にいるエリートたちによって担われている。これはゼロ年代に華々しく登場し、一〇代の若者から広範な支持を集めた八〇後の韓寒《かんかん》や郭敬《かくけい》明《めい》が、学歴社会からドロップアウトしてマルチタレント的な作家や実業家の道を進んだことと、ちょうど対照的である。

ただ、『三体』があまりにも突出しているため、中国ＳＦというジャンル全体が一時のブームを超えて、世界文学として定着するかは未知数である。中国近現代文学研究の大家である王徳威――繁体字版『三体』の表紙に「劉慈欣は二一世紀中国文壇の最も注目すべき作家である」という推薦文を寄せている――は数年前の講演で、ヒューゴー賞を受賞した郝景芳《かくけいほう》（清華大学で物理学を学んだ一九八四年生まれの女性作家）の「折りたたみ北京」（二〇一四年）に否定的に言及しつつ、中国ＳＦの文体が総じて「粗糙」であると見なして、ＳＦの高潮はすでに過ぎ去ったと厳しく評していた。[*5] 実際、劉慈欣はともかく、それ以降の若手作家たちを手放しで評価するのは早計だろう。

さらに、劉慈欣自身の政治性も問題含みである。例えば、ドイツの新聞『ディー・ツァイト』のインタビュアーが、劉慈欣に対して今の中国は『１９８４』のような監視社会になりつつあるのではないかと問いかけたところ、彼は九九％の中国人はそんなことに関心はないと返答し、残り一％の人権活動家についてはどうかというインタビュアーの追及には、そのような少数派には現実生活では会うことはないと述べる。インタビュアーはこの発言に長い注釈をつけて、中国共産党の機関紙『人民日報』で文学界のスターとして礼賛されている劉慈欣は、ベストセラー作家ではあるが政治思想家でも公共的な知識人でもないと厳しく批判した。[*6]

中国の小説家に対して、安全地帯からこういう一方的な判断を下すのはさすがに酷だが、中国の体制側が劉慈欣およびＳＦというジャンルを囲い込んでいることは、中国ＳＦの行く末を占ううえで重要だろう。今年に限っても『人民日報』では映画版『流浪地球』――滅亡の危機に瀕した地球にエンジンを取りつけて太陽系からの脱出を企てるという荒々しいストーリーは、往年の日本の特撮映画のようでもある――の成功を受けて、中国的な考え方を背景とした

「国産SF映画」に期待を寄せる記事がしばしば書かれた。『三体』を筆頭とする中国SFは、今や国家的なコンテンツ戦略の尖兵として公式に歓迎されているのだ。

少なくとも、劉慈欣は世代の近い余華《よか》（一九六〇年生まれ）や閻連科《えんれんか》（一九五八年生まれ）のように検閲や発禁処分と向き合う戦闘的なタイプではない（西洋の価値観からすれば、共産党に洗脳されているのではないかという疑惑が生じるのも無理はない）。劉慈欣に対して礼賛一辺倒の日本のメディアや言論人よりは、欧米のジャーナリズムのほうがまだ批評性があるというものだろう。それでも、中国SFのあり方を一変させた『三体』のインパクトが減じるわけでもない。私たちはひとまず、現代中国のSFブームが、中国の文化史を画する異例の事件であることを知っておけばよい。『三体』はある意味では内容以上に、中国文化のパラダイムを書き換えたその出来事性が重要なのである。

3　科学の位置づけ

ところで、ここで伝統中国における科学の位置づけについても少し寄り道しておきたい。中国では長らく、歴史的事実に根ざさない純然たるフィクションへの評価が低かっただけではなく、科学技術も知的権威にはならなかった。つまり、サイエンス（科）もフィクション（幻）も中国では長く冷遇されてきたのであり、そこに「科幻」の盛期が二一世紀までずれ込んだ一因がある。

理系軽視の流れを助長したのは、やはり科挙だろう。科挙は当初、秀才科、進士科、明経科、明法科、明字科、明算科という科目があり、法律や数学のような諸分野のスペシャリストも登用した。六芸（六つの基礎教養）を重んじた儒教は、もともと知の多元性や総合性を評価していたからである。しかし、科挙はやがて、経書の暗記と詩の制作をテストする進士科に集中するようになり、各分野の才能を集めるという方針は長続きしなかった。[*7]ここからは当然、文系偏重と理系軽視が生じる。もし科挙に科学技術の科目が入っていれば、中国ひいては世界の科学史は大きく変わったのではないか。

むろん、中国にも実証主義がなかったわけではないし、朱子学には「格物致知」、つまり事物の究明によって知を深めるという発想がある（近代には science の訳語として「格致」が用いられた時期もある――もっとも、それはやがて明治日本からの輸入語である「科学」に置き換えられたのだが）。中国科学史の大家ジョゼフ・ニーダムのように、道家の錬金術に科学の萌芽を見る学者もいる。

ただ、実証的な精神を備えた知識人ですら、たいていは古典的テクストの文献学的解釈にとどまり、科学技術の開拓には進まなかった。近代中国の指導的なリベラルであった胡適は、一九三三年に英文のレクチャー「中国のルネッサンス」で、一七世紀の顧炎武《こえんぶ》や閻若璩《えんじゃくきょ》ら考証学者（実証的な文献学者・言語学者）の研究方法が、ヨーロッパの同時代のガリレオ、ケプラー、ニュートン、ハーヴェイ（解剖学者）、トリチェリ（物理学者）、ボイル（化学者）らと似通っていたこと、にもかかわらずその研究内容は根本的に異なっていたことに注目している。[*8]

近世日本の学者がオランダ語を必死に学んで、蘭学を生み出したのと違って、近世中国の学者は異言語の習得よりも、自国の古典語の分析に傾いたのである。

中国の科学史を考えるのに、一七世紀初頭から中国を訪問し始めた宣教師の功績は見逃せない。イエズス会のマテオ・リッチはもともと数学や天文学を学んでおり、その知識を生かして世界地図を作った。さらに、中国は古くから暦法を重んじていたが、より精密な暦を作るのに宣教師の知識が要求され、やはりイエズス会のアダム・シャールがそれに応えた。つまり、この時期に中国の科学はキリスト教を介して、西洋の近代科学と交差し始めたのである。とはいえ、一八世紀の康熙帝の時代以降は、文化的な保守化が進み、イエズス会の宣教師の来訪も減ってしまった。[*9]

いずれにせよ、一七世紀以降の西洋の科学がガリレオやケプラーの天文学とともに飛躍し、世界を変革したのに対して、中国では実証的探求は星界ではなく古典テクストに集中し、理系分野において大きな遅れをとった。そう考えると、劉慈欣が一貫して宇宙ＳＦにこだわっているのは示唆的である。中国のサイエンス／フィクションの限界を突破するには、西洋の科学的認識の中枢にある星界を相手にすることが必要であったのだろう。

4　二〇世紀初頭のユートピアニズム

このように、中国においてサイエンス／フィクションの価値を公式に承認する風土は育ちにくかったとはいえ、中国SFも実はすでに百年の歴史をもつ。ここで二〇世紀の初頭に遡り、プロトSFとして重要な作品を二つだけ紹介しておきたい。

一つは一八七三年生まれの梁啓超の『新中国未来記』（一九〇二年）である。当時随一のジャーナリストであった梁啓超は、小説を文明化の有益な道具と見なしており、特に明治日本の政治小説、すなわち東海散士『佳人之奇遇』、矢野龍渓『経国美談』、末広鉄腸『雪中梅』『二十三年未来記』等に注目していた。このうち『雪中梅』は国会開設一五〇周年の祝典から明治国家を振り返るという未来小説であり、梁啓超は恐らくその影響下で『新中国未来記』の舞台を一九六二年の上海国際博覧会に定め、そこでおこなわれた架空の講演と対話を記録したのである（ちなみに上海万博は二〇一〇年に実現した）。

その未来の中国は、アメリカやヨーロッパからも留学生を集める学問大国となっている。梁啓超はそこに、情報を運搬するテクノロジーとして、速記術、演説、電信を登場させた。[*10]この伝達テクノロジーの進歩を背景としながら、立憲主義と文理の学問を受け入れて繁栄した、談論風発の「新中国」のヴィジョンが打ち出されるのだ。したがって、『新中国未来記』は西洋的なSFというより、新しい知識のユートピアを理想化した政治小説と呼ぶべきものだが、中国の「科幻」を特徴づけるユートピアニズムの先駆として重要な位置を占めている。ただ、この作品そのものは連載五回目で中止されたため、尻切れトンボの感は否めない。

もう一つは、日本の夏目漱石と同世代にあたる呉趼人《ごけんじん》の『新石頭記』（一九〇五年）である。これは一八世紀の曹雪芹《そうせっきん》の傑作『紅楼夢』の続書（別の作者の書いた続編）であり、主人公の賈宝玉《かほうぎょく》を狂言回しとして、西洋のテクノロジーを紹介していく啓蒙的な小説である（なお中国の白話小説の「二次創作」は続書として書かれることが多い。『三体』もその例外ではなく、宝樹の『三体X』のように比較的評判の良い続書がある）。この小説の後半で、呉趼人は賈宝玉を「文明境界」という異世界に導く。そこは気温が空調によって調整され、食事も医術も発達し、ロボットもいれば空飛ぶ車もあるというテクノユートピアであった。賈宝玉はそこで潜水艦に乗って、北極と南極の奇観を目撃するのだ。

『新石頭記』も狭義のSFというよりは、「科普」（科学の普及）を念頭に置いた科学小説として書かれている。そもそも、二〇世紀の最初の一〇年（清の末期）は、社会風刺を狙ったいわゆる「譴責《けんせき》小説」をはじめとして、中国で小説がかつてない規模で書かれた時代であった。[*11] 先述した王徳威は、この社会変革／小説変革の胎動のなかで、中国では傍流であった科学小説が萌芽し、西洋のテクノロジーを背景とするユートピア像を生んだことに注目している。[*12] 当時の空前の小説熱は中国SFの「前史」を形作ったばかりか、梁啓超や呉趼人らのユートピアニズムをも育んだ。

加えて、中国人の世界認識のフレームワークそのものが、二〇世紀初頭に激変したことも見逃せない。一八九五年における日清戦争の敗戦は、中国の知識人にトラウマ的な衝撃を与えた。極東の島国である日本に遅れをとったことは、思想的なパラダイムを大きく変化させたのである。

その際、包括的な「万物理論」として広く受け入れられたのがソーシャル・ダーウィニズムであった。特に、ダーウィンの生物学を社会に当てはめ、適者生存の法則を説くハーバート・スペンサー流の進化論は大きな影響力をもった。西洋思想の導入者であった厳《げん》復《ふく》は、スペンサーの理論をアレンジして、人民は各国間の生存闘争に置かれることで覚醒すると見なした。そして、その人民のエネルギーは「社会有機体」において一体化され、その社会有機体も別の社会有機体と生存闘争を続けるのだと主張した。[*13] こうして、世界は社会生物学的な進化と競争の場として解釈されるとともに、中国文明という「社会有機体」は西洋文明に対する遅れや劣位を強調される。その後も梁啓超から魯迅、胡適、そして毛沢東に到るまで、ソーシャル・ダーウィニズムは中国の知識人の発想を深く規定した。

社会学と生物学のまじりあったこの奇妙な進化論的パラダイムのなかで、二〇世紀初頭の中国では、SF的な世界像も含めた文学的想像力が花開いた。その際、科学は西洋の「進化」の強力なエンジンと見なされた。『新石頭記』にせよ、あるいは雑誌『点石斎《てんせきさい》画《が》報《ほう》』にせよ、西洋のテクノロジーをイラストによって物珍しさとともに紹介している。

面白いことに、これらのテクストにおいて、西洋の科学はしばしばテーマパーク的・博物学的に、つまり珍奇な「モノ」として展示された。中国SFの研究者ナサニエル・アイザックソンの言い方を借りれば、それは「コロニアル・モダニティ」の類型と言えるだろう。[*14] すなわち、文化を植民地化するヨーロッパも、植民地化されるアジアも、しばしば相手をディスプレイ可能なモノに変えながら、異世界を理解する知識の地平を形作ったのである。『三体』でも楽しくも恐ろしいVRゲームが宇宙人とのコンタクトの鍵となるが、これは異世界をモノ化する万博やテーマパークに近い。異世界との出会いは、しばしば軽薄なシミュレーションから始まるのである。

5　近代文学とSF

梁啓超らの仕事に続いて、今からおよそ百年前の一九一九年の五四運動では「科学」と「民主」が旗印として掲げられ、魯迅や胡適の世代がその担い手となった。梁啓超や呉趼人と同じく、魯迅は狭義の文学ジャンルとしてのサイエンス・フィクションを形成したというより、サイエンスとフィクションを交差させたと言ったほうが正確だろう。

もともと医学を学んでいた魯迅は、作家となる前に科学的なエッセイを残しているが、文学史的に重要なのは一九〇三年にジュール・ヴェルヌの『月界旅行』と『地底旅行』の翻訳を刊行したことである（この中国語訳『月界旅行』は一八八〇年から翌年にかけて日本の井上勤が英訳本から日本語訳したヴァージョンに基づいており、原著よりも縮約されている）。魯迅はヴェルヌを介して、西洋の先端的な知識を中国に導き入れようとした。未知の世界の冒険旅行というヴェルヌ的なモチーフは、先述した『新石頭記』を含めた中国の初期SFにおいて好んで採用された。知識の刷新と小説の進化をともに促すのに、ヴェルヌの作品は非常に有益であった。

もとより、魯迅は一九一八年の「狂人日記」によって中国近代文学を本格的に起動させた作家である。それ以降、彼の文学はヴェルヌ的な「旅行」とはちょうど対照的な暗い実存感覚を強調するようになった。だが、その魯迅こそが中国ＳＦの種を蒔《ま》いていたのは興味深い。「中国近代文学の起源」と「中国ＳＦの起源」は魯迅を仲立ちとして、部分的にオーヴァーラップしてもいたのだ。

ここで重要なのは、近代以前の中国の小説が、しばしば共同体の教師としての役目を果たしたことである。例えば、『三国演義』や『水滸伝』も日本ではもっぱら娯楽として受け取られているが、中国では世界認識を示す書物であった（そこには知性偏重を戒めるような――つまり本来の意味での「反知性主義的」な――態度も見出せる）[*15]。中国小説の影響を受けた日本の曲亭馬琴にしても、『椿説弓張月《ちんせつゆみはりづき》』や『南総里見八犬伝』を、地理学から文芸批評までを含んだ百科全書として書いた。魯迅にとって、ヴェルヌのＳＦもそういう総合的な知識システムであっただろう。後述するように『三体』にも似たところがある。

ところで、魯迅自身はＳＦを書いたわけではないが、晩年の短編集『故事新編《こじしんぺん》』はＳＦ的な文明批評に半歩近づいたようなところがある。特にその巻頭の「補天」で、魯迅は地質学的なイメージを活かして太古の地球を描きながら、女媧《じょか》（中国神話の有名な女神）の世界創造をパロディ的に語り直している。すなわち、女媧が土から捏《こ》ねあげた小人たちは、やがて珍妙な儀礼と言葉遣いを仰々しく重んじる、中身のない儒者へと進化してしまうのだ。魯迅はここで進化論を形だけ借用しつつ、中国における文明的＝儒教的な人間像をブラックユーモアによって笑い飛ばしていた。

この挑発的なアイロニーに満ちた短編集は、現代の作家にも刺激を与えている。例えば、ノーベル賞作家の莫言《ばくげん》は、現代小説の特徴――ブラックユーモア、意識の流れ、マジックリアリズム――が『故事新編』に収められた「鋳剣《ちゅうけん》」にすべて先取りされていると述べていた。*16 表向きは立派に見える文明の欺瞞を暴き、偉人をもコケにする『故事新編』は、莫言のみならず、余華や閻連科らの隠れた文学的源流になっていると私には思える。それは恐らく劉慈欣も例外ではない。『三体』の読者ならば、VRゲーム「三体」のなかで周の文王や孔子のような聖人がすさまじい災厄の前で無力なピエロになってしまう場面を覚えているだろう。ここにも『故事新編』ふうのブラックユーモアが図らずも繰り返されていた。

6 新冷戦時代の百科全書的ＳＦ

二〇世紀初頭の梁啓超、呉趼人、魯迅の企てが順調に受け継がれていけば、中国のＳＦ史も今と違ったものになったかもしれない。だが、共産党の統治が確立した二〇世紀半ば以降になると、知識人の関心はＳＦには向かわなくなった。新華社通信の記者である韓松が以前ＳＦを「児童文学」と卑下したように、ＳＦは大人の読む分野と見なされなくなった。

中国ＳＦは百年前から蛇行を続けてきたが、『三体』はようやくそれを本格的な文芸ジャンルとして再起動した。劉慈欣にとって、それはＳＦが啓蒙的な「科普」の任務から解き放たれたことを意味する。彼は二一世紀の中国ＳＦが、前世紀の中国的特殊性を手放し、世界のＳＦ

と同じテーマを扱うようになったことを強調している。[*17] そういう一面があるのは確かだとして、しかしアイザックソンが言うように、劉慈欣の作品に文明の優劣を強く意識した初期の中国SFのエコーを聴きとることも可能だろう。[*18]

現に、『三体』シリーズを通じて大きなテーマとなっているのは、道徳を共有しない宇宙人との生存闘争である。ここにはまさに、二〇世紀初頭のソーシャル・ダーウィニズムや社会有機体論にも通じる荒々しさがある。地球文明は三体文明との闘いの後、三次元を二次元にしてしまう宇宙からの次元攻撃によって大きなダメージを受ける。そして、残された主人公たちは二次元のゴージャスな絵画となった太陽系の終焉を見守るしかない……。『地球往事』(地球むかしばなし)という『三体』シリーズのもとのタイトルも、地球をちっぽけな存在にまで縮めてしまう巨大な宇宙の法則を読者に意識させるものだ。

劉慈欣は自然科学や社会科学の厳密さにはそこまでこだわらずに、文系も理系も半ば強引にひとまとめにした世界像を『三体』に与えた。特に、第二作の『黒暗森林』で語られる「宇宙社会学」はシリーズの要石となっている。(1)生存は文明の第一の要求である(2)文明はたえず増大し拡張するが、宇宙の物質総量は不変を保持する——この二つの基本公理によって、宇宙は決められたリソースのなかで、生存を目指すハンターたちの闘争の場として見定められる。自らの姿を無防備にさらした文明は、あっというまに粛清されてしまう。このヒステリックな宇宙では「他人は地獄」なのである。

繰り返せば、二〇世紀初頭の中国は西洋文明のプレッシャーを受けるなかで、科学の力で生まれ変わり、過酷な生存闘争に勝ち残ろうとした。二一世紀初頭の『三体』でも、サバイバルへの要求が道徳や人間性を凌駕する。すでに第一作の『三体』でも言われるように、狂った気候のなかを生きる三体人にとって、民主的な政体はあまりにも弱々しかった。『三体』シリーズにはソーシャル・ダーウィニズムならぬコスモロジカル・ダーウィニズムが潜在している。

そして、この宇宙規模の「文明の衝突」という構図には、たんなる奇想を超えた政治的なリアリティもあるだろう。特に、今から見れば、地球文明と三体文明の闘いはまるで米中関係の寓意のようにも思える。あるいは高度な監視技術によって地球を制約し、ついには植民地化する三体文明は、中国の統治のあり方ともどこか重なりあう。『三体』の読者は、アクチュアルな政治問題が星界に投影されているかのような印象を抱くのではないか。

劉慈欣自身は以前から「SFのためのSF」を目指す立場から「SFによって現実を隠喩的に反映することは好まない」として、こうした政治的読解を常に拒否しているが[*19]、そもそも中国の作家にとっては、作中に政治的暗号を込めること——いわゆる「微言大義」や「春秋の筆法」——はお手の物であり、作家の発言をすべて額面通りに受けとる必要もない（というより、二枚舌も使えないような作家は所詮二流だろう）。確かなのは、劉慈欣が中国のSF作家としては、際立って悲観的なヴィジョンを提出していること、そしてそこには「文明の衝突」や「生存闘争」という前世紀から今世紀にまで続く不吉な政治的亡霊が見え隠れしていることである。

一九四〇年代に始まったアイザック・アシモフの名高い「ファウンデーション」シリーズ

も、今から見れば、共産主義国家が誕生し、冷戦構造が確立した時代のＳＦとして読める。二一世紀の『三体』も作者の意図はどうあれ、お互い分かりあえそうもなく、しかも衝突も回避できそうにない米中の「新冷戦」の時代にふさわしい外見を備えている（さて、どちらが「三体文明」に相当するのか？）。その点で『三体』を文明論的な百科全書ＳＦと評してもよい。

実際、『三体』にはナノテクから天体物理学、政治哲学、社会学まで、さまざまな分野での読解を誘う仕掛けが盛り込まれており、書籍でもウェブでもファンたちはシリーズの謎解きに余念がない。『三体』はたんなる娯楽小説に留まらず、新しい世界認識を与える書物として、つまり文理横断的な百科全書として受け入れられている。そもそも、主要登場人物をみな科学者として定めた『三体』の中心に、主知主義《インテレクチュアリズム》を認めるのは容易い。政界や財界の名士となった劉慈欣自身、総合的な知識人として活躍しているのだ。あえて日本で似た作家を挙げるならば、やはり小松左京になるだろう。

7　ダーク・コスモロジー

さらに、『三体』の政治性ということでは当然、文化大革命を逸することはできない。『三体』は文革における科学者への弾圧から始まる。そのせいでどん底に落とされた女性の天体物理学者が、人類への絶望から三体文明を招来するのだ。文革のおぞましい反科学的な暴力が、ブラックユーモアを含んだＶＲゲームへと接続され、やがて人類の終焉へと到る――、この派手な跳躍が『三体』をパワフルな小説に仕立てている。
文革の終結後、中国ではそのトラウマを描いた一群の「傷痕文学」が七〇年代後半に現れたが、中国ＳＦにも一種の精神的外傷は認められる。中国ＳＦ研究をリードする宋明煒《そうめいい》によれば、下放経験のある王晋康はもとより劉慈欣にも、毛沢東の亡霊が取り憑いている。一九八九年の天安門事件直前に書かれた劉慈欣の幻のデビュー作『中国２１８５』の主人公は、毛沢東の死体の脳をスキャンしてサイバースペースで復活させる。宋明煒は梁啓超のユートピアニズムにも言及しながら、『中国２１８５』をユートピアとディストピアを横断する複雑な小説として、高く評価している。[*20]

毛沢東は中国をユートピアの夢とディストピアの現実へと引き裂いた。その衝撃は『三体』にも及ぶ。そこでは、毛沢東時代の恐るべきユートピアニズム＝文革が科学者にもたらした深い屈辱と絶望が、予想外の方向へと展開して、最悪のディストピアへと到るのだから。二〇世紀初頭の梁啓超らは日清戦争のトラウマ的敗北を経て、科学のユートピアを夢想した。逆に、二一世紀初頭の劉慈欣は文革のトラウマと「文明の衝突」への恐怖から、過酷な生存闘争に支配された宇宙というインモラルなディストピアを象っていく。もともとソーシャル・ダーウィニズムの影響を受けた毛沢東の革命思想は、劉慈欣のヴィジョンの隠れた深層になったと思われる。

このように、中国ＳＦには集団心理的なパニックや世界認識の混乱を元手にして、ユートピア／ディストピアへと跳躍する傾向がある。しかも、劉慈欣の場合、その跳躍した先のディストピア的宇宙は冷厳であり、人間の力でどうこうできるものではない。彼の初期の秀作『朝に道を聞かば』では、どんな難解な問いにも正解を返すエイリアンが「宇宙に目的はあるのか」という問いにだけ沈黙する。劉慈欣は不可知の宇宙と出会った人類の姿を、オブセッシヴに描いてきたSF作家なのである。

かつて古代ギリシア人は星界に美や秩序を認めた。近代の「人間的な、あまりに人間的な」哲学者とは違って、ギリシアの思想家たちは人間とは無関係に動く星々のコスモスにこそ最高度のロゴス（理）を発見したのだ。同じように、『三体』も人類や地球から独立した法則をもつ巨大なコスモスを描き出している。ただし、それはギリシア的な明朗で美しい宇宙とは似ても似つかない。『三体』の基調にあるのは、いわば「ダーク・コスモロジー」である。そこでは、宇宙は人間的な道徳を寄せつけない、冷酷無比な深淵として現れてくる。

このダークな宇宙を象るにあたって、劉慈欣はSFというジャンルの性能を存分に活かした。かつてSFの中心的価値を「異化作用」と見なしたダルコ・スーヴィンは「物理と倫理」という切り口から、自然主義文学とSFを区別したことがある。自然主義文学では物理と倫理の関係は断ち切られ、人間たちの倫理の領分——和辻哲郎ふうに言えば「間柄」の世界——はそれだけで完結している。それに対して、SFではしばしば、人間の倫理に物理的法則（現実離れした時空も含めて）が深く浸透し、本質的な作用を及ぼすとスーヴィンは考えた。[*21]

劉慈欣もまた、不可思議な物理的法則を作中のルールとして採用してきた。『三体』は「物理と倫理の密着」というスーヴィン的枠組みにぴたりとはまっている。しかも、この二つはいずれも負の方向に傾いていた——文革という暴力が倫理的次元を打ち砕いたとしたら、宇宙の次元削減という暴力は物理的次元を脅かすのだから。文革をトリガーにして、『三体』では倫理も物理もともに、人知の及ばないダーク（黒暗）な混迷のなかに落ち込んでいく。その双方を救助する手段はもはやない……。

ともあれ、中国のSF史とは断絶と再開の歴史である。急成長を遂げた「科幻」が今後ジャンルとして成熟できるかは、国策や映画産業に併呑《へいどん》されることなく、文学として質的に自律できるかにかかっているだろう。『三体』のダーク・コスモロジーと張り合えるだけの「世界認識」を示せるSFを、私は切望している。

＊1　Bruno Maçães, *The Dawn of Eurasia*, Penguin Books, 2018, p.11.

＊2　金文京「香港文学瞥見」可児弘明編『香港および香港問題の研究』（東方書店、一九九一年）所収。この論考は香港文化に関する水際立ったレビューであり、一読をすすめる。

＊3　倪匡の熱烈なファンである王錚の自伝『来找人間衛斯理——倪匡與我』（風雲時代、二〇一九年）で語られるように、反共的な立場を明らかにし、権力者への風刺と自由尊重を旨とする倪匡の小説は、一九八八年に大陸では禁書扱いになった（八六頁）。大陸の読者は盗版（海賊版）で衛斯理シリーズに触れたのである。ちなみに、倪匡は東野圭吾の愛読者で、『白馬山荘殺人事件』はダメだが、『白夜行』はすごくいいとのこと（一九〇頁）。

＊4　現代のSF作家たちのプロフィールについては、董仁威『中国百年科幻史話』（清華大学出版社、二〇一七年）が詳しい。

＊5　王徳威「科幻文學的高潮已経過去了」『毎日頭條』（二〇一七年六月一三日）https://kknews.cc/culture/y638z3k.html

＊6　以下の中国語のサイトを参照 http://toments.com/974304/　ドイツ語の原文は以下で読める。https://www.zeit.de/zeit-magazin/2018/42/science-fiction-autor-liu-cixin-china

政府のプロパガンダとも見紛う発言をする劉慈欣とのすれ違いの感覚は『ニューヨーカー』のインタビュアーがうまく描き出している。Jiayang Fan, “Liu Cixin's War of the Worlds”, *The New Yorker*, June17 2019. 以下サイトで読める。https://www.newyorker.com/magazine/2019/06/24/liu-cixins-war-of-the-worlds

＊7　儒教と科挙の関わりについては、陳舜臣『儒教三千年』（中公文庫、二〇〇九年）の簡にして要を得た記述を参照されたい。

＊8　Hu Shih, “Chinese Renaissance”『胡適全集』第三七巻（安徽教育出版社、二〇〇三年）一一〇頁以下。

＊9　藪内清『科学史からみた中国文明』（NHK出版、一九八二年）第四章参照。

＊10　清水賢一郎「梁啓超と〈帝国漢文〉」『アジア遊学』（第一三号、二〇〇〇年）。

＊11　阿英『晩清小説史』（飯塚朗他訳、平凡社、一九七九年）第一章参照。

＊12 王徳威「賈宝玉坐潜水艇——晩清科幻小説新論」『小説中国』（麦田出版、二〇一二年）所収。王徳威はこの百年前のユートピアニズムを劉慈欣へと接続している。同「烏托邦、悪托邦、異托邦——従魯迅到劉慈欣」『現当代文学新論』（生活・読書・新知三聯書店、二〇一四年）所収。日本語で読める清代のプロトSF論には、武田雅哉『翔べ！大清帝国』（リブロポート、一九八八年）等がある。

＊13 ベンジャミン・シュウォルツ『中国の近代化と知識人』（平野健一郎訳、東京大学出版会、一九七八年）七一頁。

＊14 Nathaniel Isaacson, *Celestial Empire: The Emergence of Chinese Science Fiction*, Wesleyan University Press, 2017, p.17.

＊15 詳しくは、金文京・福嶋亮大「世界認識としての「三国志」」『ユリイカ』（二〇一九年六月号）参照。

＊16 『莫言対話新録』（文化芸術出版社、二〇一〇年）一九三頁。

＊17 劉慈欣「ありとあらゆる可能性の中で最悪の宇宙と最良の宇宙」ケン・リュウ編『折りたたみ北京』（中原尚哉訳、早川書房、二〇一八年）所収。

＊18 Isaacson, *op.cit.*, p.182.

＊19 陳頎「文明冲突与文化自覚」李広益他編『《三体》的X種読法』（生活・読書・新知三聯書店、二〇一七年）五九頁以下。

＊20 Mingwei Song, "After 1989: The New Wave of Chinese Science Fiction", *China Perspectives*, 2015/11. 以下サイトで読める。https://journals.openedition.org/chinaperspectives/6618

＊21 ダルコ・スーヴィン『SFの変容』（大橋洋一訳、国文社、一九九一年）五五頁以下。

あとがき

本書は専門家向けの著作ではなく、一般の読書人でも手にとりやすいエッセイとしての評論を目指したものだが、日本の言論界ではほとんどなじみのない中華圏の思想家に多く言及しただけに、歯ごたえや癖があって消化しにくいかもしれない。しかし、私はジビエ料理のように、野趣のある本を書くべきだと思っていた。読者の希望に沿うものかは分からないが、著者としてはもっとゴツゴツとしたところ、ガリッとしたところを残すべきであったというのが反省点である。

たとえ必ずしも理論的に洗練されていなかったとしても、二一世紀の中華圏（両岸三地）の政治思想は、それが書かれることの必然性を強く感じさせる。それは、二〇世紀までの自画像を根本的に変容させるような危機が背景にあるからだろう。「ユーラシア」や「革命」のような大掛かりな概念の裏面には、自分が自分でなくなることの恍惚と不安があるように思える。逆に、今日の日本の刊行物に、そのような必然性や危機感はどれほど残っているだろうか。「われわれ」の認識のシステムもまた、すでに深くひび割れているのに、それをあいまいにやり過ごしているだけではないか。日本において日本人として日本語で中国の思想について書くということの意味を、私は今回何度も自問せざるを得なかった。

謝辞を述べたい。連載時には『群像』編集部の森川晃輔さん、および編集長の戸井武史さんのお世話になった。一年間の連載を順調に続けられたのは、お二人のおかげである。書籍化にあたっては、文芸第一出版部に移られたばかりの斎藤梓さんにご尽力いただいた。さらに、香港人社会学者の張彧暋さんとの折々の意見交換からは、多くの刺激を得た。原稿を丁寧にチェックしてくださった校閲の方々も含めて、皆さんに深く感謝する。

二〇二一年六月　福嶋亮大

初出

第一章〜第十一章……「群像」二〇二〇年六月号〜八月号、一〇月号〜二〇二一年五月号
補論……………「文化史における『三体』」「群像」二〇一九年一一月号
第十二章、終章……書き下ろし

福嶋亮大（ふくしま・りょうた）

1981年京都生まれ。批評家。立教大学文学部准教授。文学博士。京都大学文学部中国語学中国文学専修卒業。2014年、『復興文化論 日本的創造の系譜』でサントリー学芸賞受賞。17年、『厄介な遺産 日本近代文学と演劇的想像力』でやまなし文学賞受賞。19年、早稲田大学坪内逍遙大賞奨励賞受賞。著書に『辺境の思想 日本と香港から考える』（張 彧暋との共著）『百年の批評 近代をいかに相続するか』『らせん状想像力 平成デモクラシー文学論』など。

2021年9月13日　第1刷発行
2022年4月18日　第2刷発行

著者　福嶋亮大《ふくしまりょうた》

発行者　鈴木章一
発行所　株式会社講談社
〒112-8001　東京都文京区音羽2-12-21
電話　出版　03-5395-3504
販売　03-5395-5817
業務　03-5395-3615

印刷所　株式会社KPSプロダクツ
製本所　株式会社国宝社
本文データ制作　講談社デジタル製作

ハロー、ユーラシア
21世紀《せいき》「中華《ちゅうか》」圏《けん》の政治思想《せいじしそう》

◎定価はカバーに表示してあります。
◎落丁本・乱丁本は購入書店名を明記の上、小社業務宛にお送りください。
送料小社負担にてお取り替えいたします。
なお、この本についてのお問い合わせは文芸第一出版部宛にお願いいたします。
◎本書のコピー、スキャン、デジタル化等の無断複製は著作権法上での例外を除き禁じられています。
本書を代行業者等の第三者に依頼してスキャンやデジタル化することはたとえ個人や家庭内の利用でも著作権法違反です。

©Ryota Fukushima 2021, Printed in Japan

N.D.C. 914 288p 20cm
ISBN 978-4-06-524523-1

KODANSHA